DIETER-J. MEHLHORN

KIEL ARCHITEKTUR 1990–2020+

Herausgegeben vom:

BDA BUND DEUTSCHER ARCHITEKTINNEN UND ARCHITEKTEN

Ludwig

INHALTSVERZEICHNIS

GELEITWORT VON STADTRÄTIN DORIS GRONDKE

Dezernentin für Stadtentwicklung, Bauen und Umwelt der Landeshauptstadt Kiel

Foto: Frank Peter

Städte sind in der Regel bis in die Einzelbauten von ihrer Geographie und der Morphologie einer Landschaft geprägt. Das gilt in besonderem Maße für die Stadt Kiel. Offensichtlich sind es zwei solcher Merkmale, die diese Stadt prägen: zum einen die offene Lage an der Förde, zum anderen die beiden unterschiedlichen Fördeufer.

Im Gegensatz zu den meisten Hafen- und Seestädten liegt Kiel nicht weit landeinwärts an einem Flusslauf, sondern offen an der Förde mit unmittelbarem Zugang zur Ostsee. Damit war die Stadt vor der Industrialisierung weitgehend schutzlos Aggressionen jeder Art ausgesetzt und in ihrer frühen Entwicklung eingeschränkt, konnte sich also nicht zu dem Wohlstand entwickeln, der vergleichbare Städte auszeichnet. In der geringen Zahl älterer Bauwerke zeigt sich das bis heute. Mit der Industrialisierung aber erwies sich dieser Nachteil durch den Tiefseehafen, über den die Stadt verfügt, als unschätzbarer Vorteil, der zu einem eminenten Entwicklungsschub sowohl in der maritimen Ökonomie – Werften und Seehandel – als auch beim Marinestandort führte. Kiel als Lieblingsstadt Kaiser Wilhelms II.! Ausgesprochen eindrucksvolle Bauten aus der Jahrhundertwende um 1900 wie Rathaus und Opernhaus sind Zeugen dieser Geschichte. Beide Funktionen – maritime Wirtschaft und Marinestützpunkt – führten jedoch zu massiven Zerstörungen im II. Weltkrieg, die einen umfassenden Wiederaufbau weitgehend nach den Kriterien der 1950er Jahre in einer gemäßigten, standardisierten Moderne – beispielsweise die Holstenstraße – und als autogerechte Stadt zur Folge hatte.

Das zweite Merkmal ist die Gegensätzlichkeit der beiden Fördeufer. Während das steile Westufer exzellente Wohnlagen

– ergänzt um Kultur- und Wissenschaftseinrichtungen – bot, stellte das flache Ostufer einen optimalen Standort für die maritime Industrie dar. Diese Funktionstrennung bewirkte die noch heute wirksame soziale Spaltung in eine Bürgerstadt und eine Arbeiterstadt, was es in der gegenwärtigen Stadtentwicklung zu überwinden gilt.

Die aktuelle Entwicklung wird getragen vom Wandel zur Dienstleistungsgesellschaft, der sich in ganz Deutschland vollzieht und auch die Stadtentwicklung Kiels prägt. Der hohe Freizeitwert durch die Förde, die einer Umwertung von technisch-ökonomischer Infrastruktur während der Industrialisierungsepoche zum Erlebnis- und Ökologiefaktor unter postindustriellen Bedingungen erfährt, steigert den Wert der Stadt als Wohn- und Arbeitsort für moderne Dienstleister und transformiert Kiel von einer altindustriellen, schrumpfenden zu einer wachsenden Wissenschaftsstadt mit einem hohen Anteil jüngerer Einwohner. Deren Ansprüche sucht die Stadtentwicklung sowohl durch den Ausbau von Wissenschafts- und Forschungseinrichtungen als auch durch gehobenen Wohnungsbau nachzukommen. Prägend für diese aktuellen Entwicklungen ist das Bemühen um eine Baukultur, die sich sowohl von den Spaltungen der Industrialisierung als auch von den Standardisierungen und Normierung der Nachkriegsmoderne entfernt und qualifizierte, prägnante und individuelle Einzellösungen sowohl im Wohnungsbau als auch für Gewerbebauten und Einrichtungen der Wissenschaft realisiert und dennoch den Zusammenhang der Stadt wahrt. An die Stelle einer architektonischen und städtebaulichen Spaltung einerseits und einer formalen Verarmung durch die funktionalistische Stadt des Wiederaufbaus nach den Kriegszerstörungen andererseits tritt eine Baukultur, die Vielfalt auszudrücken sucht, ohne durch eitle Einzellösungen eine Fragmentierung der Stadt zu bewirken.
Eine engagierte Stadtentwicklung in Kooperation mit einer aktiven lokalen Architektenschaft, ergänzt um überregional anerkannte Büros, ist auf diese Weise bemüht, der Stadt Kiel nach Jahren einer gewissen Stagnation langfristig ein neues Gesicht zu geben, ohne Traditionen komplett zu negieren. Es sind vor allem diese aktuellen Ansätze einer zeitgemäßen Baukultur, die in diesem Architekturführer präsentiert werden.

Ich bedanke mich bei dem BDA Bund Deutscher Architektinnen und Architekten für die Veröffentlichung dieses Buches, das helfen wird, unser gemeinsames Anliegen zu stärken: Das Interesse der Bürgerinnen und Bürger an der Baukultur wachzuhalten und diese zu bestärken, vor allem sich weiterhin aktiv an der Diskussion um die Entwicklung und das Erscheinungsbild unserer Stadt zu beteiligen.

VORWORT VON CHRISTIAN SCHMIEDER

Landesvorsitzender des BDA Bund Deutscher Architektinnen und Architekten, Landesverband Schleswig-Holstein

Foto: Pepe Lange

Wenn ich von einer Reise wieder nach Kiel komme, sehe ich auf der linken Seite die Trabantenstadt Mettenhof mit ihren Hochhäusern, bevor kurz vor Ende der Autobahn auf der rechten Seite der Citti-Park, ein Einkaufszentrum mit eigener Autobahnanbindung, erscheint. Abrupt endet meine Fahrt in die Stadt an einer Ampelkreuzung. Nach links abbiegend, um nach Hause zu fahren, kann ich hier zukünftig das im Bau befindliche zweite große Gewerbegebiet mit einem Möbelmarktzentrum sehen: kein besonders attraktives Entree. Die Besucher der Stadt fahren geradeaus in die Innenstadt, biegen am Exerzierplatz nach rechts ab, gelangen vorbei an der Ostseehalle (neuerdings den sonderbaren Namen „Wunderino-Arena“ tragend) mit dem vom BDA heftig kritisierten Hotelneubau bis an die Förde mit ihren Kreuzfahrtschiffen. Hier können sie das Auto in dem neuen Parkhaus abstellen, von oben einen ersten Blick auf die Förde und die Kreuzfahrtschiffe werfen und von dort aus die Stadt mit dem Fahrrad oder einem Mietroller erkunden. Kiel verfügt mittlerweile über ein gut ausgebautes Radwegenetz.

Kiel ist eine Stadt im Wandel. Das zeigen die zahlreichen Baustellen rund um die Förde. Neue Gebäude und Quartiere sind entstanden oder in der Planung. Der Umbau von der autogerechten Stadt hin zu gemischten, urbanen Quartieren ist eine Herausforderung, die an einigen Stellen wie beispielsweise dem Holstenfleet, dem Wohnquartier „Alte Feuerwache“ oder im Anscharpark angenommen wurde. Der gesamte Bereich um die Hörn wird derzeit bebaut, auf dem Postareal in Gaarden ist ein neues Wohnquartier geplant, der Wettbewerbsbeitrag „Kool-Kiel“ für einen multifunktionalen Komplex mit einem Hotelturm von dem niederländischem Stararchitekten-Team MVRDV erregte überregionale

Aufmerksamkeit. Auch bei der Christian-Albrechts-Universität, sowohl auf dem West- als auch auf dem Ostufer, entstehen zahlreiche Neubauten, die das Bild der Stadt prägen werden. Der Umgang mit den denkmalgeschützten Pavillonschulen von Rudolf Schroeder, von 1927–1962 für das Hochbauwesen der Stadt verantwortlich, bleibt ein großes Thema, bei dem sich der BDA aktuell engagiert. Das sind nur einige der zukünftigen Projekte und Bauaufgaben.

Kiel ist eine Stadt der Chancen. Die breiten Straßen, die nach dem Krieg entstanden sind, haben durch die Mobilitätswende großes Potenzial für neue Nutzungen. Die Verbindung der Stadt zum Wasser, der Umbau der Fußgängerzone, die Umgestaltung der Kiellinie sind nur einige Beispiele, die teils begonnen haben, teils noch in weiter Ferne liegen, aber Möglichkeiten bieten, von denen andere Städte nur träumen können.

Kiel ist eine Stadt der Vielfalt. Dem BDA ist die baukulturelle Qualität von Stadträumen und Gebäuden ein besonderes Anliegen, denn es handelt sich um eine Kulturleistung, die der gesamten Gesellschaft zugutekommt. Nicht alle der in diesem Buch dargestellten Bauwerke sind von gleicher Qualität. Es sind jedoch auch einige aufgenommen worden, die das Stadtbild an prominenter Stelle prägen, zugleich aber erklärungsbedürftig sind. Der Leser oder die Leserin soll sich ein eigenes Urteil bilden können, wichtig ist die Auseinandersetzung mit den verschiedenen Ausdrucksformen von Architektur: Alle sollten sich ein eigenes Urteil bilden können. Die vom BDA ausgezeichneten und Qualitätsmaßstäbe setzenden Bauten sind deshalb besonders hervorgehoben. Bei der Auswahl waren Daniel Kinz (Landesvorsitzender BDA Hamburg), Gregor Sunder-Plassmann aus Kappeln und Jan O. Schulz aus Kiel beteiligt.

Ein großer Dank geht an Dieter-J. Mehlhorn, meinen ehemaligen Professor, der die vorbereitenden Arbeiten für dieses Buch ehrenamtlich gemacht hat, und Dorlies Rödig, die die Texte korrigiert hat, sowie an Jan. O. Schulz für die zahlreichen Hinweise. Der Dank gilt aber auch den vielen Büros, die Vorlagen und weitere Informationen für die Texte sowie Fotos und Renderings zur Verfügung gestellt haben. Dank gilt auch den Fotografierenden, die die Zustimmung für die Aufnahme in dieses Buch gegeben haben. Einige Fotos sind sogar eigens für dieses Buch erstellt worden. Ohne dieses Zusammenspiel zahlreicher Mitwirkender hätte dieses Buch nicht entstehen können.
Für alle, die nun beim Blättern in dem Buch Lust auf Kiel bekommen, möchte ich doch eher die Anreise über die B 404 von Süden her empfehlen. Dort bietet sich von der hochliegenden Zufahrt ein eindrucksvoller Blick auf das Panorama der Stadt an der Kieler Förde: Eine Einladung, mit diesem Buch die Architektur von Kiel zu entdecken.

Foto: A. Wojahn

EINFÜHRUNG VON DIETER-J. MEHLHORN

Im ersten Kapitel wird eine Reihe von „Leuchttürmen" der Architektur von 1900 bis 1990 vorgestellt, die den Maßstab für die Architektur in Kiel nach 1990 bilden: Der Bogen spannt sich von der Reformarchitektur um die Jahrhundertwende 1900 bis zur Betonarchitektur der 1970er Jahre. Der Zeitraum von 1990 bis 2020 für dieses Buch wurde in Hinblick darauf gewählt, dass dieser die Arbeit einer Generation umfasst, das Jahr 1990 eine Zäsur in der deutschen Geschichte darstellt und zugleich eine schon vorher erkennbare Diversifizierung der Architektur sich weiter verstärkte. Die Bezeichnung 2020+ gibt zu erkennen, dass in den Architekturführer auch Projekte aufgenommen sind, die sich noch in Realisierung oder im Projektstadium befinden und vermutlich erst später nach einigen Veränderungen fertiggestellt sein werden. Einige Bauwerke sind bedauerlicherweise allerdings so entstellt worden, dass ihre Qualität kaum noch erkennbar ist. Bei dem durch den BDA ausgezeichneten Autohaus (→**C.08**) ist dennoch der ursprüngliche Zustand abgebildet – in der Hoffnung, dass sich die Eigentümer daran erinnern und möglichst bald den ursprünglichen Zustand wieder herstellen.

Das Stadtgebiet wird in fünf Bereiche eingeteilt. Die meisten beschriebenen Bauwerke finden sich in der Kernstadt. Den Begriff „Kernstadt" gibt es allerdings offiziell gar nicht. Neben der Altstadt und Vorstadt, die man zusammen auch als Innenstadt bezeichnen könnte, umfasst die „Kernstadt“ auch ein paar naheliegende oder von dort aus leicht erreichbare Bauten, was die Zuordnung dazu rechtfertigt (Abschnitt A). Von der Altstadt erstrecken sich zwei Bereiche mit der Häufung zahlreicher Bauwerke nach Norden und Nordwesten bis in die Wik bzw. zur Universität (Abschnitte B und C). In dem Abschnitt „Äußere Stadtteile“ ist eine Reihe bemerkenswerter Objekte zusammengefasst, die südlich und südwestlich der B 76 liegen (Abschnitt D). Einen klar abgrenzbaren Bereich stellen die Ortsteile von der Hörnspitze bis zur Fachhochschule auf dem Ostufer dar. In Gaarden-Ost ist die Kai-City in Bau und in naher Zukunft ist dort die Realisierung großer Projekte zu erwarten, weiter nördlich eine Reihe von Bildungsbauten (Abschnitt E). Der Entwurf der Karten lehnt sich an die von Masuko Tomokiyo für den 2020 erschienenen „Architekturführer Schleswig-Holstein“ an. Die Zustimmung dazu gab Bernd Rosen vom Verlag DOM publisher in Berlin.

Die Texte beruhen in großen Teilen auf Vorlagen durch die Architekturbüros und deren Homepages sowie im Anhang aufgeführter Literatur. Diese wurden teilweise übernommen, die meisten aber ergänzt, verändert und stilistisch den anderen Texten angepasst. Zahlreiche Texte sind aber auch völlig neu geschrieben, ohne dass dieses besonders gekennzeichnet ist.

Im Kopf der Kurzbeschreibungen stehen die Angaben über den Standort, die Entwurfsverfasser*innen und anderes. Diese Angaben erfolgten durch die Architekturbüros. Auf die Nennung von Mitarbeitenden und Fachingenieuren wird verzichtet, weil das den zur Verfügung stehenden Rahmen sprengen würde. Der Eigenschreibweise der Architekturbüros auf den Webseiten (Klein- oder Großschreibung, Hervorhebung einiger Buchstaben o.ä.) wird zugunsten der besseren Lesbarkeit und Vereinheitlichung der Texte nicht gefolgt. Die Nennung von Landschaftsarchitekt*innen erfolgt nach Angabe der Entwurfsbüros und weiterer Recherchen im Internet.

Die verwendeten Abkürzungen in den Objektdokumentationen sind:

O = Ortsangabe: Straße und Hausnummer

A = Architekt*in / Entwurfsverfasser*in (Architekten)

L = Landschaftsarchitekt*in (Landschaftsarchitekten)

B = Bauherr*in

W = Wettbewerb, Jahr

R = Realisierungszeitraum und /oder Fertigstellungsjahr

P = Preise und Auszeichnungen

F = Fotograf*in

V = Visualisierung

Die Bauwerke, die vom BDA Schleswig-Holstein einen Preis oder eine Auszeichnung erhalten haben, werden farbig hervorgehoben.

ARGE = Arbeitsgemeinschaft

BDA = Bund Deutscher Architektinnen und Architekten

BDLA = Bund Deutscher Landschaftsarchitekten

CAU = Christian-Albrechts-Universität

GM.SH = Gebäudemanagement Schleswig-Holstein AöR (Anstalt öffentlichen Rechts)

Land SH = Land Schleswig-Holstein, jeweils zuständiges Ministerium, vertreten durch die GM.SH

LH Kiel = Landeshauptstadt Kiel

Das Layout dieses Buches ist von Tabea Everling, Master of Arts, im Büro Schmieder. Dau. Architekten. BDA entworfen worden.

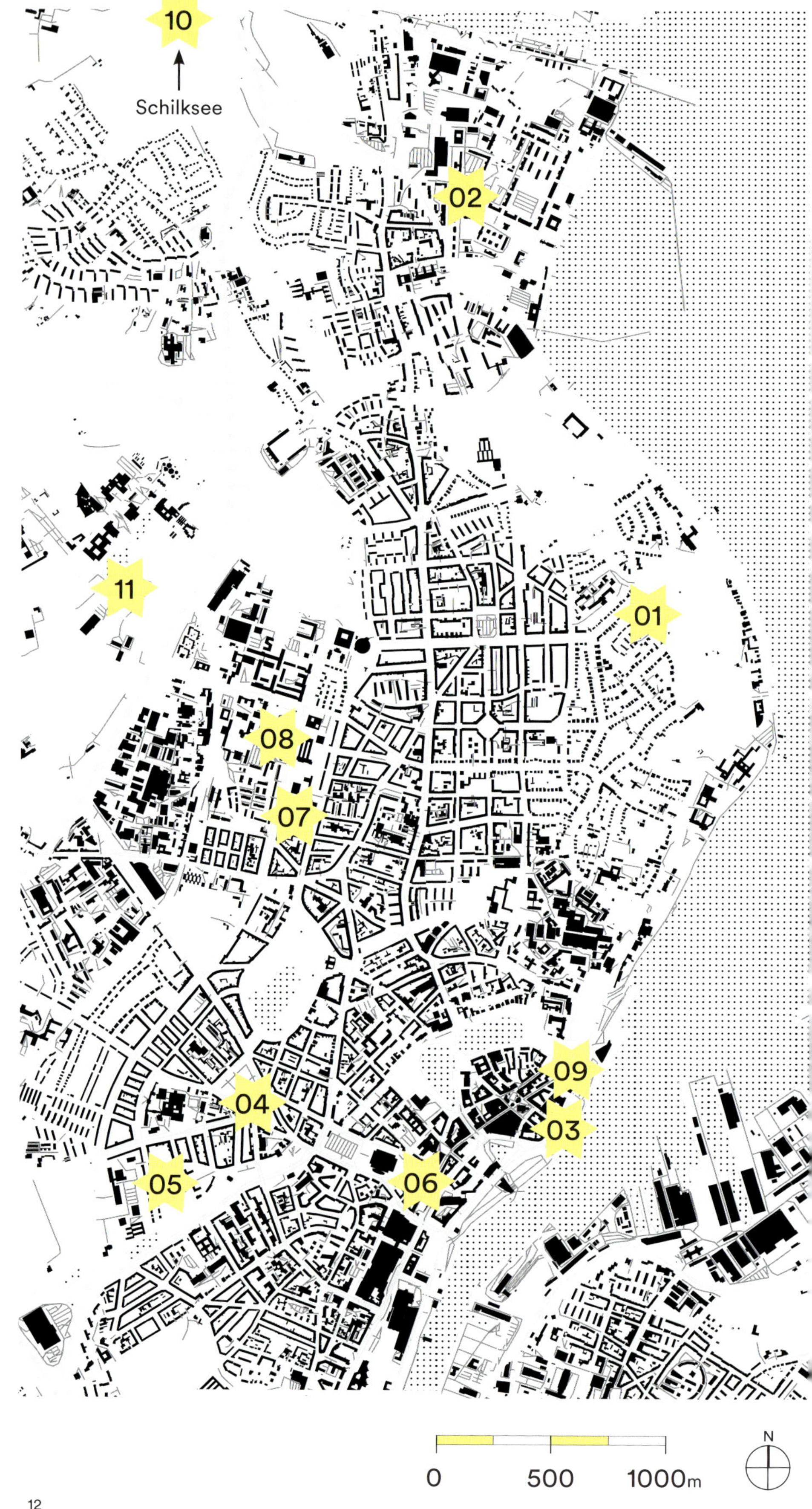
10
Schilksee
02
11
01
08
07
09
04
03
05
06
0
500
1000m
N

0 LEUCHTTÜRME DER ARCHITEKTUR VON 1900–1990

VILLA FISCHEL

O: *Niemannsweg 127*
A: *Richard Riemerschmid / DHBT Architekten (Restaurierung)*
B: *Admiral Max von Fischel*
R: *1904–1906, 2013 (Restaurierung)*
F: *Mehlhorn*

Das in einer architektonisch heterogenen Umgebung mit zahlreichen Villen aus dem 19. und 20. Jahrhundert errichtete Haus gehört zu den interessantesten Beispielen der Reformarchitektur in Deutschland. Der Architekt entwarf dieses Haus noch vor der Gartenstadt Dresden-Hellerau, die ihn berühmt machen sollte (ab 1909). Die Villa ist ein zweigeschossiger Putzbau auf Granitsockel ohne jeden repräsentativen Anspruch. Die Fassaden werden allein durch geschossweise unterschiedlich große und kleinteilige Versprossung spannungsreich gegliedert. Äußeres und Inneres bilden eine organische Einheit. Raumgefüge und Innenausstattung im Jugendstil sind weitestgehend erhalten.
Die Restaurierung des Hauses erfolgte unter Beachtung denkmalpflegerischer Belange, ohne die neuen Vorstellungen zeitgemäßen Wohnens zu vernachlässigen. Dabei ist es gelungen, die ursprüngliche Hülle wieder herzustellen und im Inneren die originäre Struktur herauszuarbeiten. Zur „energetischen Nachrüstung" war es notwendig, eine neue gedämmte Kellersohle einzubauen, die Außenwände abzudichten und innen zu dämmen, die Fenster zu modernisieren und die Dachflächen zu isolieren. Im Inneren wurden die Putzflächen an Wänden und Decken saniert und die Bodenbeläge aufgearbeitet. Zum Erdgeschoss gehört ein Garten als privater Außenraum, der unter Berücksichtigung denkmalpflegerischer Aspekte neu gestaltet ist.

PETRUSKIRCHE

O: *Weimarer Straße 5*
A: *Robert Curjel und Karl Moser*
B: *Kaiserliches Reichsmarineamt / Großadmiral Alfred von Tirpitz*
R: *1905–1908*
F: *Mehlhorn*

Die ehem. Garnisonskirche bildet mit dem benachbarten ehem. Marinehospital (→**B.17–18**) eine bauliche Einheit und ist deshalb nicht geostet, sondern von Süden aus zugänglich. Gestalterisch setzt sich die Kirche von der historischen Architektur ab und schlägt durch die freie Interpretation romanischer und gotischer Formen, verbunden mit solchen des Jugendstils, einen völlig neuen Ton an. Die Architektur des Backsteinbaus bedeutet für Kiel den Übergang zur Moderne.
Der gedrungene, in den unteren Partien geschlossene, leicht geböschte Turm vermittelt im Zusammenspiel mit zwei kleinen oktogonalen Türmchen beidseits der dreibogigen Vorhalle das Bild von Wehrhaftigkeit, nur durchbrochen durch das maßwerkverzierte Tudorfenster im Glockengeschoss.
Der stützenfreie, vierjochige Innenraum wird von einem offenen Dachstuhl überspannt, dessen Zimmermannskonstruktion Assoziationen an die Vorstellung „Schiff" weckt. Der Chorraum war früher dunkel abgesetzt. Die heutige Gestaltung mit einer Figurengruppe von dem Holzbildhauer Otto Flath (1939) ist unangemessen theatralisch. Dagegen ist die ursprüngliche Geschlossenheit des Raumes auf der Eingangsseite mit Empore und Orgel noch gut erkennbar. Der Wirkung der Kirche als Gesamtkunstwerk entsprechen auch die teils mit geschwungenen, teils geradlinigen Elementen gestalteten Jugendstilfenster aus hellem Kathedralglas.

EHEM. SARTORI & BERGER-SPEICHER

O: *Wall 47–51*
A: *Ernst Stoffers und Hermann Müller*
B: *Fa. Hermann Langneß und Stadt Kiel*
R: *1925–1927*
F: *Mehlhorn*

Grundriss und Volumen des ehem. Speichers ergeben sich aus den funktionalen Anforderungen unterschiedlich hoher Räume und dem Zuschnitt des Grundstücks. Das Gebäude besteht aus fünf durch schmale Gelenkbauten verbundenen Würfeln, die straßenseitig in einer Front stehen, zum Wasser aber versetzt sind. Im südwestlichen Würfel waren Büroräume der Hafenverwaltung mit größeren Fenstern und Geschosshöhen untergebracht. Das Backsteingebäude wird horizontal gegliedert und durch einen mittig angeordneten Aufzugsturm monumental überhöht. Auch die von der Frontlinie zurücktretenden Gelenkbauten mit Aufzugsluken und Kranbalken ragen über die Traufe der Lagertrakte hinaus. Das Gebäude wird nicht mehr als Speicher genutzt, sondern ist für die Landesbibliothek, das Landesamt für Denkmalpflege sowie Büros umgebaut. Entsprechend den Anforderungen der neuen Nutzung sind die Grundrisse verändert, die Landesbibliothek wird durch das Architekturbüro aatvos neu gestaltet (2021).
Die große Bedeutung des Bauwerks ergibt sich aus dem Versuch, die gleichzeitigen Strömungen der Zeit – Funktionalismus, Expressionismus und Heimatschutz – kongenial zusammengeführt zu haben. Als solches hat es Aufnahme in das legendäre Buch „Architektur der Zwanziger Jahre in Deutschland" von Walter Müller Wulckow gefunden (1929): „Vorzügliche Zusammenfassung und Umformung der traditionellen Speichergiebelreihe".

EHEM. ARBEITAMT / STEPHAN-HEINZEL-HAUS

O: *Stephan-Heinzel-Straße 3 / Wilhelmplatz*
L: *Wilhelm (Willy) Hahn und Rudolf Schroeder*
B: *Reichsanstalt für Arbeitsvermittlung und Arbeitslosenversicherung*
R: *1928–1929*
F: *Mehlhorn*

In den späten 1920er Jahren entstanden in vielen Städten Deutschlands Arbeitsämter, die zu den besten Bauten der Zeit gehören. Die beiden städtischen Architekten, Hahn und Schroeder, waren, als sie nach Kiel kamen, der Heimatschutzarchitektur verpflichtet, schlossen sich aber immer mehr der Moderne an. Von Schroeder stammt dessen eigenes Haus in Heikendorf, das zur „weißen Moderne" gehört (1931).
Stärker noch als der Sartori-Speicher spiegelt das Arbeitsamt die Hinwendung zur funktionalistischen Architektur der Zeit wider. Form und Grundriss sind ganz aus der Funktion entwickelt: Über ein halbrundes Treppenhaus gelangten die Arbeitslosen zu den für sie zuständigen Sprechkojen, um über ein zweites Treppenhaus am Ende des langgestreckten Riegels wieder nach außen zu gehen. Ergänzt wurde das Raumprogramm durch Büros, Sitzungsräume und Räume für Arbeitgeber. Das Stahlbetongerüst beruht auf einem Raster von 1,50 m. Unterzugslose Massivdecken sollten das Versetzen von Wänden erleichtern. Die gelungene Verbindung von Funktion und Gestaltung, machten das für Schleswig-Holstein einzigartige Gebäude zu einem vielbeachteten Beispiel des Neuen Bauens und die Überwindung der Heimatschutzarchitektur, an die allein noch die Verwendung des Backsteins erinnert. Eine spätere Aufstockung ist so geschickt vorgenommen, dass diese kaum wahrnehmbar ist, der Grundriss ist hingegen völlig verändert.

VICELINKIRCHE

O: *Harmsstraße 123*
A: *Johann Theede (Pastorat), Otto Bartning (Kirche), Wilhelm Neveling (Anbauten, Turm)*
B: *Ev.-Luth. Kirchgemeinde St. Vicelin (heute: Friedensgemeinde)*
R: *1914–1916, 1948–1949, 1963–1964*
F: *Mehlhorn*

Das Gemeindezentrum der Vicelinkirche ist ein beachtliches Ensemble aus Gebäuden mehrerer Zeitabschnitte, die trotz unterschiedlicher Formensprache und Materialität wie selbstverständlich ein Ganzes bilden. Das Pastorat ist dem Heimatschutzstil verpflichtet, die Kirche der Nachkriegsmoderne und die Anbauten den 1960er Jahren.

Nach den Zerstörungen des II. Weltkrieges und dem Verlust der historistischen Vicelinkirche (Architekten: Johann Theede) hat Otto Bartning auf den Fundamenten der zerstörten Kirche einen bescheidenen, auf das Notwendigste beschränkten Neubau errichtet. Die Berücksichtigung der Fundamente der Kirche gab Anlass zu einer Abweichung vom deutschlandweit bekannten Notkirchen-Programm. Im Inneren wird die Kirche durch vorgefertigte Dreigelenkbinder, ein umlaufendes Fensterband und einen polygonalen Altarbereich geprägt. Als Baumaterial kamen Ziegel der zerstörten Kirche zum Einsatz. Dadurch wie auch durch die Anpassung des Grundrisses an den Unterbau der alten Kirche bleibt die Erinnerung an das Verlorene gegenwärtig.

Wie alle Kirchen von Otto Bartning war auch die Vicelinkirche ohne Turm errichtet worden. Im Zusammenhang mit einer straßenseitigen Erweiterung um Gemeinderäume entlang der Harmsstraße errichtete die Gemeinde in den 1960er Jahren einen Turm in Form eines Stahlbetongerüstes. Dort erinnert eine Glocke an die Toten des II. Weltkrieges.

HOWE-HAUS

O: *Holstenstraße 88*
A: *Wilhelm Neveling, Architekt BDA*
B: *Karl-Heinz und Werner Howe*
R: *1949*
F: *Mehlhorn*

Das Haus hat nicht nur architektonische, sondern auch stadtgeschichtliche Bedeutung: Es steht für den Beginn des Wiederaufbaus der Innenstadt nach 1945. Städtebaulich bildet es den Kopf der anschließenden zweigeschossigen Bebauung entlang der Holstenstraße, für die die Lijnbaan in Rotterdam Vorbild gewesen sein soll. Die Holstenstraße gilt als eine der ersten Fußgängerstraßen Deutschlands.
Die Architektur des fünfgeschossigen Baus mit Staffelgeschoss ist charakteristisch für die Architektur der 1950er Jahre. Es sind nicht nur die üblichen Merkmale wie Staffelgeschoss, Flachdach oder querrechteckige, bündig in der Fassade sitzende Fenster, die die Qualität der Architektur ausmachen. Noch mehr wiegen die Klarheit und Geradlinigkeit des Entwurfes. Die Verwendung von roten Backsteinen entsprach den Vorstellungen von Herbert Jensen, mit diesem Material an die Kieler Bautradition anzuschließen und zugleich die Verbundenheit mit Skandinavien zum Ausdruck zu bringen. Mit wachsendem Wohlstand in den 1950er und 1960er Jahren wurde diese Traditionslinie zugunsten neuer Formen wie des gegenüberliegenden Hotels Astor (Architekten: Ferdinand Streb, 1957) nicht weiterverfolgt. Zahlreiche Bauten der 1950er Jahre sind bis zur Unkenntlichkeit verändert. Von solchen Veränderungen blieb das Howe-Haus verschont. Eine neue Intervention stellt allein die Gestaltung des Eingangs dar. (→**A.16**)

GOETHE-SCHULE

O: *Hansastraße 25–27*
A: *Hochbauamt / Rudolf Schroeder*
B: *LH Kiel*
R: *1949–1950*
F: *Mehlhorn*

Zu den herausragenden Wiederaufbauleistungen nach 1945 gehört ein umfangreiches Schulbauprogramm mit mehr als 20 Schulen im gesamten Stadtgebiet, die vom Städtischen Hochbauamt unter Leitung von Rudolf Schroeder geplant worden sind. Alle Schulen entsprechen in etwa dem gleichen Schema: die Klassenräume in eingeschossigen, kammartig angeordneten Zeilen, davor nach Osten ausgerichtete Freiluftklassen, Erschließung durch offene Laubengänge, Fachklassen und Verwaltung in mehrgeschossigen Trakten. Der reformpädagogische Ansatz zeigt sich in den quadratischen Grundrissen der Klassenräume, die unterschiedliche Unterrichtsmethoden erleichtern. Die beidseitige Belichtung und Belüftung hat sich insgesamt bewährt. Prägendes Material ist der rote Backstein. Der bauliche Zustand ist aufgrund der zur Bauzeit beschränkten Ressourcen und des Einsatzes von bis dahin unzureichend erprobten Materialien teilweise problematisch, aber reparabel. Die Goetheschule gilt als typbildend für die anderen Kieler Schulen. Das Pavillonsystem war ohne Schwierigkeiten den Besonderheiten der zur Verfügung stehenden Grundstücke anzupassen, so dass bei aller Ähnlichkeit der Schulen jede dennoch eine individuelle Gestalt annahm. Die Schulen stehen unter Denkmalschutz, sind aber durch neue technische und pädagogische Anforderungen gefährdet. (Erweiterung →**C.10**).

FORUM DER CAU

O: *Christian-Albrechts-Platz*
A: *mehrere Architekten, Landesbauverwaltung*
R: *1959–1969*
F: *Mehlhorn*

Die Universität, ursprünglich in der Innenstadt beheimatet, nahm nur wenige Monate nach der Kapitulation im Mai 1945 den Betrieb wieder auf, zunächst auf Schiffen, später in den ELAC-Werken am Westring. Ab den späten 1950er Jahren entstand das Forum mit mehreren zentralen Einrichtungen, die heute das „Herz" der Universität bilden und unter Denkmalschutz stehen. Die Gebäude stehen ziemlich isoliert voneinander, so dass sich ein wirklicher Zusammenhang im Sinne eines identitätsstiftenden Forums nicht ergibt. Die Qualität der Gebäude ist jedoch beachtlich:
Die Mitte wird beherrscht durch das Auditorium Maximum mit neun Hörsälen (Großer Hörsaal mit 1.200 Plätzen) in mehreren Ebenen und einer weitläufigen Treppenanlage. Das Äußere wird geprägt durch eine dekorative Schwerbetonfassade (Architekten: Wilhelm Neveling, Architekt BDA, 1965–1969).
Am Westring springt die Universitätskirche am Ende einer Ladenstraße bugförmig in den Straßenraum vor. Das den Grundriss bestimmende Motiv des Dreiecks wiederholt sich in der Gliederung der Außenwände und der farbigen Verglasung (Architekten: Ernst und Herbert Weidling mit Erhart Kettner, Architekten BDA, 1965). In dem Hochhaus mit Vorhangfassade und Flugdach ist die Verwaltung der CAU untergebracht (Architekten: Landesbauamt II, 1960–1964). Das Studentenhaus mit Mensa und Studiobühne ist ein Atriumbau (Architekten: Friedrich Wilhelm Kraemer, 1967; verändert 2001–2003).

SCHLOSS

O: *Wall 74 / Schlossplatz*
A: *Herbert Sprotte und Peter Neve, Architekten BDA*
B: *Land SH*

W: *1957, 1. Preis*
R: *1961–1965*
F: *Mehlhorn*

Der Gebäudekomplex geht auf eine mittelalterliche Burg des 13. Jahrhunderts zurück, die später zur Dreiflügelanlage umgebaut wurde. Nach der Zerstörung 1944 wurde bewusst darauf verzichtet, diese wieder aufzubauen. Stattdessen war es die Idee, einen demokratischen Neuanfang durch die Errichtung eines „Kulturschlosses" zu wagen. Das jetzige Gebäude erhebt sich auf dem Grundriss der untergegangenen Anlage. Der Adolfbau auf erhaltenen Grundmauern zeichnet in Umfang und Höhe den Ostflügel nach, die aufgeständerte Landeshalle den stadtseitigen Südflügel. Der Pellibau ist der einzige Trakt, der noch sichtbar historische Bausubstanz aufweist. Der Konzertsaal ist dagegen eine Neuschöpfung und der einzige Gebäudeteil, der durch regen Besuch die Erwartung an ein Kulturschloss erfüllt hat. Vor allem die Gestaltung des blockhaften Adolfbaus mit gleichmäßiger Reihung gleichgroßer Fenster entspricht den lapidaren Gestaltungsvorstellungen der späten 1950er Jahre. Jürgen Tietz hat das Schloss ein frühes Beispiel einer „kritischen Rekonstruktion" genannt, „als es diesen Begriff noch gar nicht gab". Nach Privatisierung des Schlosses 2003 wurden die Einrichtungen des Landes in den Sartorispeicher (**→0.03**) verlegt. Seit 2019 ist das Gebäude wieder in öffentlichem Besitz. Eine Sanierung des Konzertsaals ist in Planung (**→A.02**), für die übrigen Trakte wird noch eine angemessene Nutzung gesucht.

OLYMPIAZENTRUM

O: *Drachenbahn*
A: *Hinrich Storch und Ehlers, Architekten BDA*
B: *Land SH, LH Kiel und mehrere Wohnungsbau-unternehmen*

W: *1968, 1. Preis*
R: *1972*
F: *Mehlhorn*

O 

Die Olympischen Spiele 1972 waren für die LH Kiel ein Impuls, mehrere Infrastrukturmaßnahmen in Angriff zu nehmen. Dazu gehörten der Autobahnanschluss, der Bau mehrerer Straßen und der zweiten Holtenauer Hochbrücke, innerstädtisch auch die Neugestaltung des Alten Marktes und des Rathausplatzes. Kiel hat sich seitdem zu einem bedeutenden Zentrum des Segelsports und Austragungsort von Europa- und Weltmeisterschaften entwickelt.
Kern war natürlich das Olympiazentrum: Mit der Horizontalität des Gebäudekomplexes wird diejenige der Uferkante unterstrichen. Der terrassierte Gebäudekomplex soll dem Bild der Steilküste entsprechen. Im Sockelgeschoss befinden sich die Räume für Sportveranstaltungerund Bootshallen, darüber Läden und Restaurants entlang einer Promenade sowie terrassierte Wohnungen, in denen während der Olympischen Spiele die Sportler untergebracht waren. Vorgelagert sind ein Schwimmbad und ein weiträumiger Festplatz. Die Hochhäuser mit Wohnungen und Hotel waren in der ursprünglichen Wettbewerbsplanung wie sich nach oben verjüngende Felsen vorgesehen. Durch die vereinfachende Ausführung fehlt diesen die beabsichtigte plastische Wirkung. Ein Teil der Freianlagen wurde zeitgemäßen Anforderungen angepasst (BHF Bendfeldt Herrmann Franke, Landschaftsarchitekten, 2006).

SPORTFORUM DER CAU

O: *Olshausenstraße 70–74*
A: *GMP von Gerkan, Marg und Partner mit Klaus Nickels, Architekten BDA*
B: *Land SH*
W: *1966 – 1. Preis*
R: *1972–1976*
P: *BDA-Preis Schleswig-Holstein, 1979; Architekturpreis Beton 1979, lobende Erwähnung*
F: *Mehlhorn*

Bereits 1966 entworfen, dauerte es 10 Jahre, bis das Sportforum 1976 mit einem Institutsgebäude in einem backsteinernen Turm und sechs Schwimm- und Sporthallen fertiggestellt wurde. Diese sind als räumliches Kontinuum angelegt, das von der Faltwerkkonstruktion des Dachs mit unterschiedlicher Höhe (die größte Höhe über dem Becken mit Sprungturm) überspannt wird. Vom Vorplatz aus sind sowohl die Übungshallen über eine große Eingangshalle als auch das Institutsgebäude getrennt zugänglich. Über eine Treppe erreicht man die untere Ebene, auf der die Umkleide- und Übungsräume liegen. Bei Publikumsveranstaltungen stehen den Sportlern die Nebeneingänge zur Verfügung, die Besucher verbleiben auf der oberen Ebene, die in allen Hallen als Tribüne abschließt. Die Übungshallen teilen sich in Trockensporthallen für unterschiedliche Disziplinen und die Schwimmhallen mit jeweils direkt zugeordneten Umkleide-, Geräte- und Nebenräumen. Die konzentrierte Grundrissanordnung erlaubt kürzeste Wege zwischen Übungshallen und Institutsgebäude. Im Vordergrund des Entwurfs stand der Anspruch, eine Anlage zu schaffen, die dem spielerischen und pädagogischen Charakter des Geschehens gleichermaßen gerecht wird und dabei eine enge Verzahnung von Innen- und Außenraum herstellt. Seit 2008 steht das Sportforum unter Denkmalschutz.

11
12
13
10
16
14
15
17
20
19
24
21
23
22
31
30
29
25
27
26
28
N
0
500
1000m

A KERNSTADT

WOHNQUARTIER ALTE FEUERWACHE

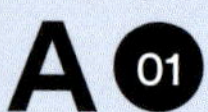

A 01

O: *Dänische Straße / Jensendamm*
A: *Zastrow und Zastrow, Architekten und Stadtplaner (städtebauliche Konzeption) / LRW Loosen, Rüschow, Winkler Architekten BDA (Baufelder 2,3,5–7) / BL2K Böge Lindner K2, Architekten BDA (Baufelder 1 und 4)*
L: *KFP Kontor Freiraumplanung*
B: *PAF Projektgesellschaft Alte Feuerwache mbH*

Bis ins 19. Jahrhundert war das Gelände wegen des schlechten Baugrunds nicht bebaut. Erst mit der Regulierung des Kleinen Kiels und der Anlage des Jensendamms erfolgte am Ende des 19. Jahrhunderts zunächst der Bau eines Spritzenhauses, danach der Hauptfeuerwache. Diese wurde im II. Weltkrieg zerstört und nicht wieder aufgebaut. Das Grundstück diente seitdem als Parkplatz.

Ein erster Wettbewerb brachte Überlegungen zur städtebaulichen Gestaltung mit dem Ziel, ein funktional und sozial gemischtes Quartier mit hohem gestalterischen Anspruch und einem vom Kfz-Verkehr freien Durchgang von der Dänischen Straße zum Kleinen Kiel zu realisieren. Diese konkretisierten sich in einem Realisierungswettbewerb, den die später ausführenden Archi-

WOHNQUARTIER ALTE FEUERWACHE

W: *2008 (Städtebau), 2012 (Hochbau), 2014 (Falckstr. 16)*
R: *2015–2017*
P: *Anerkennung Polis Award 2017 („Reaktivierte Zentren"); Deutscher Städtebaupreis 2018, Auszeichnung;*
P: *BDA-Preis Schleswig-Holstein 2019, Auszeichnung*
F: *Dorfmüller Klier (S. 28), Mehlhorn (S. 29 + 31), Ralf Buscher (S. 30)*

tekturbüros – LRW und BL2K – für sich entscheiden konnten. Die gewünschte funktionale Mischung ließ sich allerdings nicht realisieren, ebenso wenig wie die Freilegung der bereits in den 1980er Jahren ergrabenen, später wieder zugeschütteten Reste der mittelalterlichen Stadtmauer aus dem 14. Jahrhundert. In der ursprünglichen Planung war der Abriss des gründerzeitlichen Hauses Falckstraße 16 nicht vorgesehen. Aus bautechnischen Gründen war dieses jedoch nicht zu erhalten und wurde durch einen Neubau ersetzt. Nicht zum Projekt „Alte Feuerwache" gehört die Erweiterung des Landeskirchenamtes am Jensendamm, grenzt aber daran an und bildet mit diesem eine bauliche Einheit.

WOHNQUARTIER ALTE FEUERWACHE

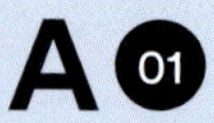

BAUFELDER 2,3,5–7 (Architekten: LRW)

Die Bebauung umfasst 68 Eigentumswohnungen, 6 Stadthäuser und eine Gewerbeeinheit. Die Abbildung der Wohnfunktion, Vor- und Rücksprünge für private Loggien und Balkone, Erker und Eingänge bewirken die für eine Altstadtgasse charakteristische Vielfalt und Lebendigkeit. Die Mehrzahl der Wohnungen verfügen über Loggien als wettergeschützte Freiräume.

BAUFELDER 1 UND 4 (Architekten: BL2K)

Das 5-geschossige Wohnhaus am Jensendamm ist vertikal rhythmisiert und bildet den nördlichen Abschluss der Altstadt mit einem schönen Blick auf die Grünanlagen am Kleinen Kiel. Im Zentrum des Quartiers vermittelt das mit rostigem Cortenstahl und Satteldach gestaltete Einzelhaus, zwischen den mit Ziegeln und Flachdach gleichartig gestalteten Wohnhäusern und dem Warleburger Hof - dem einzigen aus der vorindustriellen Zeit stammenden Adelshof der Altstadt - einen modernen Charakter. Über einer gewerblichen Nutzung sind Wohnungen angeordnet.

WOHNQUARTIER ALTE FEUERWACHE

FREIRAUM (Landschaftsarchitekten: KFP-Kontor)

Die Gestaltung des öffentlichen Raumes ist sehr zurückhaltend. Die Anlage von Stufen vermittelt nicht nur die Höhenunterschiede, sondern schafft für einige Bauten wie das Einzelhaus und das Haus im Baufeld 2 (Studentenwohnungen) einen Respektabstand zwischen öffentlicher und privater Nutzung. Zwischen den Baufeldern 3 und 4 sowie 5 und 6 erstreckt sich ein kleiner Spielplatz. Im Bodenbelag verweist ein langgezogener Streifen mit Natursteinpflaster auf die Lage der unterirdisch vorhandenen Stadtmauerreste, deren Freilegung die Ausdehnung der mittelalterlichen Stadt sichtbar gemacht hätte.

HAUS FALCKSTRASSE 16

O: *Falckstraße 16*
A: *Kraus Schönberg, Architekten BDA*
B: *Rohwer Immobiliengesellschaft mbH & Co KG*

W: *2013, 1. Preis*
R: *2014–2018*
P: *Bauherrenpreis der LH Kiel 2018*
F: *Mehlhorn*

Anders als die anderen Gebäude des Quartiers fügt sich das Haus anstelle eines abgerissenen gründerzeitlichen Wohnhauses in die in den 1950–1960er Jahren entstandene Nachbarbebauung durch die Ausbildung eines ortsüblichen Satteldachs ein. Gebäudetypologisch sucht der helle Backsteinbau an die historischen Hallenhäuser mit ihren hohen Dielen anzuschließen. Durch die giebelständige Ausrichtung zum Kleinen Kiel gewinnt das kleine Gebäude zusammen mit einem davor angelegten Platz eine besondere Prägnanz. Der um ein halbes Geschoss erhöhte Platz dient der Nachbarschaft als Treffpunkt mit dem Blick auf den Kleinen Kiel. Von dort ist auch das in einer doppelstöckigen „Dielenhalle" eingerichtete Restaurant mit einem Galeriegeschoss zugänglich. Die darüber liegenden drei 4-Zimmerwohnungen in den Ober- und zwei Dachgeschossen sind im Grundriss so organisiert, dass sich die Wohnräume um einen zentralen Koch- und Essbereich gruppieren. Treppenhaus und Badezimmer sind zum Hof ausgerichtet.

Auch die äußere Gestaltung mit ihrer dezenten Detaillierung sucht am Vorgängerbau anzuschließen. Senkrecht zurückversetzte Backsteinformate unter und über den Fenstern gliedern die Fassade und lassen einen Abdruck der Fassade des älteren Gebäudes erahnen. Tief innen liegende Fenster in nach oben abnehmenden Formaten erinnern an die historistischen Stuckrahmungen.

LANDESKIRCHENAMT

O: *Dänische Straße*
A: *Detlefsen + Figge, Architekten BDA*
L: *BHF Bendfeldt Herrmann Franke, Landschaftsarchitekten BDLA*
B: *Evang.-Luth. Nordkirche*
W: *Gutachterverfahren 2012*
R: *2015–2018*
F: *Mehlhorn*

A 1.2

Der Umbau und die Erweiterung der Altbauten aus den 1960er bis 1970er Jahren von Schnittger Architekten und den Architekten Bolz und Detlefsen war notwendig geworden, nachdem sich die Ev.-Luth. Nordkirche 2009 für Kiel als Sitz des Landeskirchenamtes entschieden hatte. Die Maßnahmen umfassten den Umbau des Altbaus und dessen energetische und brandschutztechnische Ertüchtigung sowie die Neuorganisation des Grundrisses. Die Stellung des Neubaus folgt der Vorgabe des städtebaulichen Rahmenplans, der für die Alte Feuerwache eine geschlossene, historisch aber nicht belegte Raumkante fordert.
Neu sind die Ergänzung des älteren Gebäudes um ein Staffelgeschoss sowie die Erweiterung im Anschluss an die Wohnbebauung an der Alten Feuerwache. Im Erdgeschoss des Neubaus befindet sich der Besprechungs- und Verwaltungsbereich, der direkt vom Jensendamm zugänglich ist und unabhängig vom Landeskirchenamt genutzt werden kann. Von dort besteht ein direkter Zugang zum begrünten Innenhof. Alt- und Neubau werden durch einen verglasten Zwischenbau verbunden, dort befinden sich Teeküchen und Besprechungsräume, darüber eine Dachterrasse. Im Altbau steht der Haupteingang mit Foyer und Empfang im Zusammenhang mit dem Kapellenfoyer. Der Kantine neben dem Eingang ist ein Freisitz zugeordnet, der sich zum Schloss und zur Dänischen Straße und damit der Öffentlichkeit öffnet.

KONZERTSAAL AM KIELER SCHLOSS

O: *Schlossplatz*
A: *gmp Architekten von Gerkan, Marg und Partner, BDA mit bbp: architekten bda*
B: *LH Kiel*
R: *2020–?*
V: *gmp Architekten von Gerkan, Marg und Partner*

Der Konzertsaal ist Teil des als Kulturschloss neu errichteten Schlosses (**→0.09**). Entgegen der Erwartung, hier städtisches Leben zu generieren, hat allein der Konzertsaal Bedeutung für die Kieler erlangt. Das Haus ist Heimat des Philharmonischen Orchesters und dient zugleich unterschiedlichsten Events. Die finanzielle Situation hat es nie erlaubt, das Gebäude neuen Ansprüchen anzupassen. Zeitweise war das seit 2015 unter Denkmalschutz stehende Gebäude sogar in Privathand, erst seit 2019 ist es wieder in öffentlichem Besitz. Inneneinrichtung, Nebenräume und Technik entsprechen seit langem nicht mehr heutigen Standards.
Mit einer ersten Studie hat das Büro bbp die notwendigen Veränderungen aufgezeigt. Der darauf aufbauende Entwurf für die Sanierung zielt auf den Erhalt und die Wiederherstellung des Originalzustands der Konzerthalle, die beispielhaft für die moderne Architektur der frühen 1960er Jahre ist. So werden beispielsweise helle Materialien und eine neue Lichtgestaltung die Qualitäten von Foyer und Saal wieder hervorheben und die Räume zu einer gestalterischen und atmosphärischen Einheit verbinden. Mit einer verbesserten Akustik und Veranstaltungstechnik wird der Saal zukünftig sowohl den Anspruch klassischer Konzerte als auch die Anforderungen verschiedenster Veranstaltungsformate wie Theateraufführungen, Feste und Kongresse erfüllen.

WOHNQUARTIER SCHLOẞSTRASSE

O: *Schloßstraße*
A: *ARGE bbp : architekten bda / Schnittger Architekten + Partner GmbH*
L: *BHF Bendfeldt Hermann Franke, Landschaftsarchitekten, BDLA*
B: *Norddeutsche Grundstücksentwicklungsgesellschaft mbH*
R: *2013–2019*
F: *Mehlhorn*

Als wichtigste Zufahrt zum Schloss gehörte die Schloßstraße zum Herzen der Altstadt und war Standort wichtiger Baudenkmale, geriet aber nach der Zerstörung während des II. Weltkriegs und dem Wiederaufbau danach ins Abseits. Mit der Wiederherstellung des historischen Stadtgrundrisses wird ein wichtiger Beitrag zur Stadtreparatur geleistet. Zugleich erhielt der Schloßplatz mit dem Schloss (→**0.09**) und dem Konzertsaal (→**A.02**) eine architektonische Fassung. Kritik rief die Höhe des Solitärs hervor, weil dieser das Zusammenspiel der historischen Dominanten Schloss und Nicolaikirche beeinträchtigt.

Das Quartier umfasst eine Blockrandbebauung mit Innenhöfen und einen Solitär. Alle Häuser sind über eine gemeinsame Tiefgarage mit der Einfahrt an der Flämischen Straße verbunden. Neben den 130 Eigentums- und 84 Wohnungen mit jeweils zwei bis vier Zimmern sind im Erdgeschoss Flächen für Gewerbe entstanden, die zur Revitalisierung der Straße beitragen sollen. Bei der Gestaltung des Quartiers wurde auf eine „altstadtgerechte Kleinteiligkeit“ geachtet. Die große Baumasse ist so gegliedert, dass der Eindruck von individuell gestalteten Einzelhäusern entsteht, die sich durch Höhenversätze sowie ornamental verzierte Ziegelfassaden, Balkone und Erker unterscheiden. Die Erdgeschoss- und Sockelbereiche weisen unterschiedliche Höhen auf und werden besonders akzentuiert.

WOHNSTIFT KLOSTERKIRCHHOF

O: *Haßstr. / Klosterkirchhof 11*
A: *Projektgemeinschaft Baade und Partner, Architekten BDA, und Hoffmann und Krug Architekten BDA*
L: *Siller, Landschaftsarchitekten BDLA*
B: *GBR Klosterkirchhof / Dr. H-J. Rüdel und Ulrich Urban*
R: *1990–1992*
P: *Bauherrenpreis LH Kiel 1994*
F: *Mehlhorn*

Der historisch bedeutsame Standort neben den Resten des ehemaligen Franziskanerklosters erforderte ein sehr genaues Eingehen auf die besondere Situation und die Schwierigkeiten, die notwendigen Abstände einzuhalten. Fern jeder Anbiederung fügt sich das differenziert gestaltete Gebäude strukturell in die durch Kriegszerstörung und Wiederaufbau sehr heterogene Umgebung durch Geschossigkeit und Baukörpergliederung ein und schließt den Straßenraum. Die Verwendung niederländischen Betonsteins setzt sich ebenso von der weitgehend durch roten Ziegel geprägten Umgebung ab, gibt dem Straßenraum aber dadurch mehr Helligkeit. Die Erschließung der Geschosse erfolgt über eine wehrturmartige Treppenhausrotunde, von der aus sich die Flure der zweibündig angeordneten Zimmer entwickeln. Auch wenn die Flure entsprechend der Geometrie des Gebäudes nicht geradlinig sind, führt das Fehlen natürlicher Belichtung zu einer introvertierten Atmosphäre. Der Wohnbereich der oberen Geschosse wird dagegen über eine Dachverglasung von oben belichtet. Die Gemeinschaftsräume wie der Speiseraum liegen am Durchgang zum Klosterplatz und öffnen sich zum parkähnlich angelegten Gelände des ehemaligen Klosters. Dort sind auch die Reste des Klosters, eingebaut in ein Studentenwohnheim, erhalten, die durch die Architekten Hoffmann und Krug 1994 restauriert worden sind.

ALTER MARKT

O: *Alter Markt*
A: *Stadtplanungsamt der LH Kiel*
B: *LH KIEL*
R: *unbestimmt*
V: *chora blau*

A 05

Der Alte Markt war immer Mittelpunkt der Altstadt und Standort des Rathauses sowie einer Reihe von Fachwerkhäusern aus dem 17. Jahrhundert, die sog. „Persianischen Häuser", die Platz und Kirchhof trennten. Im II. Weltkrieg zerstört, wurden diese nicht wieder aufgebaut, der Platz diente allein dem Abstellen von Pkw. Anlässlich der Olympischen Spiele 1972 erfolgte die Neugestaltung durch den Architekten Wilhelm Neveling, der die historische Situation mit sechseckigen Pavillons, verglasten Fronten und gefalzten Kupferblechdächern assoziierte. Da er zugleich die Platzmitte absenkte, ging die Verbindung von Straßen und Platz verloren. An der Nicolaikirche kam ein Hauptwerk von Ernst Barlach, die Skulptur „Geistkämpfer" (1928), zur Aufstellung.

Die Realisierung des Entwurfs bewirkte von Anfang an heftige Auseinandersetzungen. Der greise Johann Garleff (1878–1976), ein Hauptvertreter der Heimatschutzarchitektur in Schleswig-Holstein, polemisierte, der Stadt würde ihr Herzstück entrissen. Die Polemik lebte wieder auf, als der Platz 2018 unter Denkmalschutz gestellt wurde. Es besteht nunmehr die Absicht, den Platz und seine Bauten zu erhalten und zu revitalisieren. Dazu gehören die Zurücknahme entstellender Veränderungen und die Gestaltung der Pavillons, so dass die ursprünglich beabsichtigte Korrespondenz mit der grün patinierten Kirchturmspitze hergestellt wird.

OPTIKER BLICKPUNKT

O: *Alter Markt 10*
A: *BSP Architekten BDA*
B: *Blickpunkt GmbH, Peter Hinz und Ernst Wüstenberg*
R: *2007*
P: *BDA-Preis Schleswig-Holstein 2011, Auszeichnung*
F: *Bernd Perlbach*

Das Ladengeschäft der Firma Blickpunkt liegt im Erdgeschoss eines viergeschossigen Gebäudes aus den 1950er Jahren. Blickpunkt gilt mit seinem Angebot hochwertiger Brillen innovativer Hersteller als einer der kreativsten Optiker in Norddeutschland. Nachdem lange Jahre die Einrichtung weitestgehend unverändert geblieben war, entschieden sich die Inhaber 2007 für einen umfassenden Umbau. Die damalige Gestaltung wurde 2019 unter Mitwirkung der Architekten farblich aufgefrischt, blieb aber in allen wesentlichen Teilen unverändert.
Um das Geschäft in dem heterogenen Umfeld unterschiedlicher Nutzungen und vielfältigster Gestaltungsansätze am Alten Markt einen zurückhaltenden, zugleich erkennbaren Auftritt zu geben, wurden beidseitig des Eingangs die Öffnungen raumhoch und bodentief ausgeschnitten und mit ungeteilten Scheiben von 3 x 3 m verglast. Dadurch ergibt sich ein fließender Übergang von außen nach innen, dem die Ladeneinrichtung Rechnung trägt.
Durch den Umbau konnte die Ausstellungsfläche in ihrer Tiefe verdoppelt und mit einer geschwungenen Ausstellungswand, die wie ein riesiges, von innen beleuchtetes Regal funktioniert, inszeniert werden. Auf der gegenüberliegenden Raumseite wurden die verschiedenen Funktionen – Sitzbank, Präsentationsfläche, Licht – in einem einzigen Bauteil zusammengefasst, das sich vom Boden bis zu Decke schwingt.

HOLSTENFLEET

O: *Holstenbrücke*
L: *BGMR Landschafts-architekten mit Masuch + Olbrich, Ing.-Gesellschaft für das Bauwesen*
B: *LH Kiel*
W: *2012, 1. Preis*
P: *Deutscher Landschafts-architekturpreis 2021*
R: *2020*
F: *Mehlhorn*

A 07

Das sogenannte Holstenfleet ist nach dem Alten Bootshafen das zweite Schlüsselprojekt, durch Erhöhung der Aufenthaltsqualität im öffentlichen Raum die Altstadt zu revitalisieren. Thematisiert werden der Bezug zum Wasser und der historische Verlauf eines vom Kleinen Kiel zur Förde verlaufenden Fleets. Allerdings war es nicht möglich, dieses als durchgängige Wasserverbindung zu schaffen. Der Entwurf vermittelt stattdessen durch die lineare Abfolge mehrerer Wasserbecken den Eindruck, dass es sich um einen durchgängigen Wasserlauf handele. Zahlreiche Elemente laden die Menschen ein, sich hier aufzuhalten: So wird der Stadtraum wieder zur Bühne des öffentlichen Lebens.

Die Wasserreinigung erfolgt über einen 2m breiten, mit Schilf bepflanzten Bodenfilter, der den Aufwand für Pflege und Unterhalt reduziert, die Wassergüte sichert und als klimaaktive Verdunstungsfläche wirkt. Der Verkehr wird über eine „Shared Space"-Fläche geführt, in der zurückhaltende Markierungen den Verkehrsteilnehmern die notwendige Orientierung geben.

Die Anlage des Holstenfleets hat im Umfeld Projekte von etwa 100 Mio. Euro in Gang gesetzt. Eines der ersten fertiggestellten Gebäude ist ein Textilkaufhaus mit einer geschossweise fein differenzierten und Elemente der Umgebung aufnehmenden Fassade (Architekten: Wegener Architekten, BDA, 2019). Weitere Projekte sind in Planung (→**0.09**).

ALTER BOOTSHAFEN

A 08

O: *Zwischen Wall und Kaistraße*
L: *Siller Landschaftsarchitekten BDLA*
B: *LH Kiel*
R: *2004*
P: *Bauherrenpreis der LH Kiel, 2006*
F: *Mehlhorn*

Die Altstadt war ursprünglich allseitig von Wasser umgeben. Die Verbindung zur Förde wurde aber ab dem 19. Jahrhundert immer mehr zugunsten des Verkehrs eingeschränkt und schließlich in den 1970er Jahren durch Aufschüttungen endgültig unterbrochen. Die Neugestaltung des zu einem Tümpel verkommenen, von mittelmäßiger Architektur umgebenen Wasserbeckens war ein wichtiger Schritt, den verlorenen Bezug zur Förde wieder erkennbar zu machen, auch wenn eine erneute Öffnung zur Förde noch immer zu den Desideraten der Stadtplanung gehört.

Entstanden ist ein explizit großstädtischer Raum, dessen Form sich aus den vorhandenen Raumkanten ergibt. Auf der Nordseite erstreckt sich eine große mehrfach terrassierte Freifläche, die Südseite hat dagegen nur zwei Ebenen. Baumreihen säumen beide Seiten, der fördeseitige Wall bleibt dagegen ohne Bäume, um den Blick auf die am Schwedenkai festgemachten Schiffe oder das Ostufer mit den Werften freizuhalten. Die großstädtische Anmutung wird unterstützt durch den sparsamen Einsatz weniger Materialien: Granitpflaster sowie Betonplatten und -pflaster; für die senkrechten Stützwände und Treppen Klinker, Stahl für die Geländer. Im Erdgeschoss der nördlichen Gebäude hat sich eine Reihe von gastronomischen Betrieben angesiedelt, die – begünstigt durch die optimale Sonneneinstrahlung – den Alten Bootshafen zum Treffpunkt der Kieler machen.

QUARTIER ALTER BOOTSHAFEN

O: *Andreas-Gayk- / Wall-, Hafenstraße*
A: *Schnittger Architekten + Partner*
B: *Deutsche Immobilien Entwicklungs GmbH*
W: *2016. 1. Preis*
R: *In Bau, bis 2021*
V: *Moka-Studio GbR*

Im Zusammenhang mit der Revitalisierung der Altstadt und der Neugestaltung des Holstenfleets und des Alten Bootshafens (→**A.07**) entsteht auf dem Gelände eines aufgegebenen Kaufhauses und einer ehemaligen Markthalle ein gemischt genutztes Wohn- und Gewerbegebiet. Das Quartier setzt sich zusammen aus zwei Wohngebäuden mit 114 Wohnungen und erdgeschossigen Gewerbeflächen, einem Hotel mit 148 Zimmern und einem angeschlossenen Aparthotel mit 90 Apartments. Im Innenhof ist ein Parkhaus mit 70 Stellplätzen auf zwei Ebenen im Bau. Als Auftakt und Übergang zwischen dem Kleinen Kiel-Kanal und dem Bootshafen werden die Gebäudekanten parallel zum Verlauf des neuen Kanals aufgenommen und der ursprüngliche Raum des Alten Boothafens – wenn auch mit anderer Maßstäblichkeit und Körnigkeit – wieder hergestellt. Auf diese Weise wird eine ruhig wirkende Raumkante hergestellt und die bestehende heterogene Bebauung zusammengeführt (→**A.08**). Die äußere Gestaltung ist geprägt durch aufeinander abgestimmte Verblendfassaden, deren Farbtöne sich in der Umgebung wiederfinden und eine bewusste Gliederung der Gebäude ermöglichen. Charakterisiert werden die Fassaden durch systematische Fensteraufteilungen sowie durch rahmende Lochstein- und Reliefelemente. Die Abbildung zeigt die Hafenstraße.

KIELHÖFE

O: *Fleethörn / Treppenstraße*
A: *EFFEKT Arkitekter ApS / AX5 Architekten*
B: *Kieler Nachrichten*

W: *2019, 1. Preis*
R: *bis 2024*
V: *EFFEKT Arkitekter*

Auf dem ein Hektar großen Gelände des ehem. Druckereizentrums der Kieler Nachrichten ist ein Quartier mit ca. 11.000 m² Bruttogeschossfläche für Handel, Gastronomie und Kultur wie auch Flächen für „junges und modernes Arbeiten“ in Planung. Die unterschiedlichen Angebotscluster finden in fünf neuen Baukörpern Raum, die über drei Innenhöfe im Anschluss an den Altbau der Kieler Nachrichten miteinander verbunden sein werden.

Mit Öffnungen zu allen Seiten des Quartiers, der Reaktivierung der Straße Mühlenbach, dem Angebot einer Markthalle und der Öffnung eines großen Teils der Dachflächen werden die KielHöfe dazu beitragen, die Holstenstraße mit Europa- und Exerzierplatz zu verbinden. Von der Vielfalt inhaltlicher Angebote wird ein belebender Impuls auf die Gesamtstadt erwartet. Dazu wird auch die Sanierung und Aufstockung der alten Druckhalle beitragen, die sich zukünftig zur Treppenstraße öffnen und ein vielfältig nutzbarer Ort für Veranstaltungen und kulturelle Angebote im Herzen der Innenstadt sein wird.

Die Gestaltung beruht nicht zuletzt auf Identitätsmerkmalen, die aus einer Befragung der Kieler Gesamtbevölkerung abgeleitet wurden, so beispielsweise die Bögen, die auf Erdgeschossebene ein zentrales Gestaltungsmotiv sein werden. Das Projekt befindet sich noch in Entwicklung, Abweichungen von den bisherigen Überlegungen sind deshalb nicht auszuschließen.

CITY-PASTORAL „KIRCHEN-KAI“

A 11

O: *Rathausstraße 5*
A: *Nagel Architekten BDA*
B: *St. Nikolaus Gemeinde*
R: *2005*
P: *Bauherrenpreis der LH Kiel 2006; BDA Preis Schleswig-Holstein 2007, Auszeichnung; BDA Publikumspreis, 3. Preis, 2007*
F: *Bernd Perlbach*

Der Kirchenkai ist ein kleines, neben die neugotische, katholische Kirche platziertes, die Rathausstraße begleitendes und an einen Container erinnerndes Gebäude für Kommunikation, Kultur und Seelsorge auch für Menschen ohne kirchlichen Hintergrund. Der Baukörper vermittelt durch die nach außen abweisende Geschlossenheit, Stringenz und Konsequenz der reduziert kühlen Materialität und Lichtdurchlässigkeit ein hohes Maß an Eigenständigkeit, die im Gegensatz zur Backsteinarchitektur der Kirche steht. Das Außen- und Innenwandmaterial ist lichtdurchlässiges Industrie-Profilglas, wodurch der Baukörper bei Dunkelheit von innen zu strahlen scheint. Im Inneren ist der 4 x 25 m große Raum durch einen frei in den Raum gestellten Raumquader mit Küchenblock und Sanitärzelle variabel zonier- und nutzbar. Der weitere Innenraum ist frei von Einbauten und damit variabel nutzbar. Hofseitig öffnet sich das Gebäude über fünf hohe Öffnungselemente aus Glas nach außen. Der Vorbereich ist wie eine Terrasse ausgebildet und von beiden Schmalseiten über Stufen zugänglich. Zwischen dem Gebäude und dem zurückgesetzten Gemeindezentrum bildet sich so ein vom Lärm der Rathausstraße freier, klösterlich anmutender Hof. Für die Besucher des City-Pastorals wird durch die Gebäudeöffnungen und die Zuwegung ein Übergang vom öffentlichen zum halb-öffentlichen Raum gebildet.

WOHN- UND GESCHÄFTSHAUS

A 12

O: *Rathausstraße 9–15 / Kleiner Kuhberg 40*
A: *Zastrow und Zastrow, Architekten und Stadtplaner*
L: *Brien Wessels Werning, Landschaftsarchitekten BDLA*
B: *Baugemeinschaft „Wohnen und Arbeiten am Rathausturm GbR"; Projektsteuerung: Conplan GmbH*
W: *2004*
R: *2006–2009*
P: *Projekt der Internat. Bauausstellung (IBA), 2008 in Kiel; Bauherrenpreis der LH Kiel, 2009*
F: *Mehlhorn*

Das Wohnbauprojekt trägt dazu bei, Wohnen wieder in die Innenstadt zu bringen und diese zu beleben. Es vereint Einzeleigentum und genossenschaftliches Wohnen für generationenübergreifende Nutzergruppen, die in Gemeinschaft zusammenleben wollen. Das Gebäude hat 42 Wohnungen mit der Größe von 40 bis 147 m²; im Erdgeschoss gibt es ein Restaurant und im 1. OG Büroräume. Das Konstruktionsprinzip der Schotten im Achsabstand von 7,50 m ermöglichte beim Bau die individuelle Ausbildung der Grundrisse entsprechend den Bedürfnissen der Bewohner. Die Wohnungen werden erschlossen durch einen Laubengang, dessen Verglasung die gegenüberliegenden Fassaden spiegelt und die Wohnungen vor dem Verkehrslärm der dort ansteigenden, stark befahrenen Rathausstraße schützt. Gliederung, Farbigkeit und Materialwahl unterstreichen die unterschiedlichen Nutzungen. Im obersten Geschoss springen die Wohnungen um 2,40 m zurück, sodass sie dort über einen eigenen individuellen Eingangsbereich verfügen. Die Terrassen und Balkone sind zum Innenhof ausgerichtet und vermitteln den an der Rathausstraße bewusst vermiedenen Wohncharakter. In Absprache mit dem Eigentümer des Nachbargrundstücks wird dieses gemeinsam genutzt und gestaltet, so dass Kinder auch mitten in der Innenstadt Spielmöglichkeiten haben.

FORUM FÜR BAUKULTUR

O: *Waisenhofstraße 3*
A: *ARGE BSP Architekten BDA und Schmieder. Dau. Architekten BDA*
B: *LH Kiel*
R: *2019*
F: *Luis Walther*

Das unter Denkmalschutz stehende, historistische Backsteingebäude war 1906 als Lehrerbibliothek mit Schulmuseum und Turnhalle errichtet worden (Architekten: J. Pregyn, 1904–1906). Nach Teilsanierung und Umbau dient es seit 2019 als zentraler Ort für Veranstaltungen des auf Initiative des BDA ins Leben gerufenen Vereins für Baukultur rund um die Themen Stadtentwicklung, Stadtgestaltung und Architektur.

Zentraler Bereich ist die ehemalige Turnhalle, die zu einem multifunktionalen Veranstaltungsraum für Vorträge, Ausstellungen, Podiumsdiskussionen und Workshops umgebaut und mit einem in die Zugangstreppe eingeschnittenen Hublift barrierefrei ausgestattet wurde. Die ehemals als Umkleidebereich genutzte Galerieebene, die offen mit der Turnhalle verbunden war, wurde entkernt und mit einer rahmenlosen Verglasung von der Halle abgeteilt und dient jetzt als Büroraum.

Während der Sanierung der Halle konnte eine überraschend farbenfrohe, bauzeitliche Farbfassung freigelegt und wiederhergestellt werden. In zwei von der Hallendecke abgehängten Kabeltraversen wurden sämtliche technische Anlagen integriert, ohne den denkmalgeschützten Innenraum antasten zu müssen. Ein Thekenbereich mit Regalrückwand und ein Rednerpult sind betont modern und schlicht aus schwarzen Schalttafeln gestaltet und wie Möbel in die Halle gestellt.

WUNDERINO-ARENA

A 14

O: *Europaplatz 1*
A: *Schnittger Architekten + Partner*
B: *Hallengesellschaft Kiel GmbH & Co. KG*
R: *1999 (Halle), Business Lounge (2009), Umkleiden (2018)*
F: *Bernd Perlbach*

Die Halle mit dem wunderlichen Namen, vor Ort noch immer „Ostseehalle" genannt und Spielstätte des THW, ist 1951 auf dem Gelände des im II. Weltkrieg zerstörten Kuhbergviertels unter Verwendung von Teilen eines Flugzeughangars aus Sylt errichtet (Architekten: Wilhelm Neveling) und seitdem immer wieder verändert und erweitert worden. Sie fasst maximal 13.500 Besucher und ist damit eine der größten Hallen ihrer Art in Deutschland. Von besonderem Interesse ist der Anbau einer Business-Lounge, die an die Südseite der Halle wie ein „Beiboot" andockt (Abb.). Das Obergeschoss mit seiner dunklen Fassade aus Zinkblechtafeln und großflächiger Verglasung an den Stirnseiten scheint über dem transparenten Sockel zu schweben. Die aus gekrümmten, ineinander verschnittenen Teilflächen entwickelte Außenhülle wurde in einer Schiffsbauwerft vorgefertigt. Die Verschneidung der in zwei Richtungen gekrümmten Außenhülle erfüllt die Funktion eines dreidimensional ausgesteiften Tragwerks und ermöglicht einen hochflexiblen, stützenfreien Innenraum in der Business-Lounge. Diese verfügt über einen separaten Eingang und ist über Verbindungsgänge mit der Halle verbunden, kann aber auch autark für Veranstaltungen mit etwa 350 Personen genutzt werden. Die letzten Maßnahmen betrafen die Umkleidekabinen für die Sportler, die den Ansprüchen von Weltklassemannschaften nicht mehr genügt hatten.

HOWE-HAUS, EINGANG

O: *Holstenstraße 88–90*
A: *bbp : architekten BDA*
B: *Haus & Grund Immobilienvertretung GmbH*
R: *2015*
F: *Bernd Perlbach*

A 15

Das Geschäftshaus an der Schevenbrücke / Ecke Holstenstraße (→**0.06**) hat einen neuen repräsentativen Eingangsbereich erhalten, der zugleich einen barrierefreien Zugang ermöglicht. In der Bestandsfassade sind der Eingang und das danebenliegende Schaufenster zu einem Portal, das durch einen Sichtbetonrahmen markiert wird, zusammengefasst worden. Als Material für die Türanlage wurde Baubronze verwendet, die ein zeitloses Erscheinungsbild vermittelt und ein hervorragendes Alterungsvermögen aufweist. Briefkästen, Klingelschild und Firmenschilder sind bündig in die Elemente integriert und unterstreichen den exklusiven Charakter. Das Innere wirkt durch die Ergänzung um einen angrenzenden Raum im Vergleich zum Ursprungszustand großzügig und einladend. Der helle Terrazzo zieht sich über den Fußboden und die Rampe, über die der barrierefreie Zugang zum Aufzug möglich ist. Wandverkleidungen aus weißem Mineralwerkstoff (Corian) und Sichtbeton unterstreichen das noble Erscheinungsbild des Hauses. Die Beleuchtung erfolgt indirekt über eine Abhangdecke und im Bereich des Aufzuges mit Downlights. Die Handläufe nehmen die Materialsprache des Portals auf und sind entweder aus Bronze aufgesetzt oder entlang der Rampe in die Corianwand integriert.

HOTEL HAMPTON BY HILTON

O: *Exerzierplatz / Ziegelteich*
A: *MPP Meding Plan + Projekt*
R: *2020–2021*
F: *Mehlhorn*

Der Realisierung des das Stadtbild und die Stadtsilhouette prägenden Gebäudes ging eine über 20 Jahre andauernde kontroverse Diskussion voraus, in der sich die Berufsverbände BDA und SRL sowie der Beirat für Stadtgestaltung gegen Volumen, Höhe und Gestaltung des Hotelbaus auf dem höchsten Punkt der Vorstadt aussprachen. 2001 hatte das Büro BRT Bothe Richter Teherani den 1. Preis eines Wettbewerbs gewonnen. Der Entwurf kam jedoch nicht zur Ausführung, bildete aber die Grundlage für den rechtsverbindlichen Bebauungsplan mit einer Höhenbeschränkung auf 54 m.

Das bauliche Ensemble besteht aus dem Hotelturm und einem Parkhaus und gibt dem Exerzierplatz eine bauliche Raumkante. Die horizontal strukturierte Sockelzone führt beide Teile zusammen, aus der sich die oberen Ebenen des Parkhauses mit horizontaler Lamellenfassade ebenso entwickeln wie die 13 Zimmergeschosse des 45 m hohen Hotelturms mit 208 Zimmern. Zwischen Parkhaus und Hotel entsteht eine kleine Plaza, die auch der Arena einen angemessenen Vorplatz gibt. Umrahmt wird die Plaza von Putzfassaden in der Farbe Anthrazit, als kontrastierenden Kern hinter der äußeren Rotklinker-Schale. Die vor Ort als „banal“ kritisierte Fassade des Turmes interpretiert die für Kiel charakteristische Kieler Klinkerfassade neu als Fassadengitter mit schlanken, geschossübergreifenden vertikalen Fensterelementen.

WOHNQUARTIER BÄCKERGANG / WALKERDAMM

O: *Bäckergang / Walkerdamm*
A: *DHBT Architekten*
L: *BHF Bendfeldt Herrmann Franke Landschaftsarchitekten BDLA*
B: *Kieler Stadthaus GmbH & Co.KG*
R: *2015*
P: *Bauherrenpreis der LH Kiel, 2015*
F: *Christoph Edelhoff*

A 17

Das hochverdichtete Wohnquartier mit öffentlichen, halböffentlichen und privaten Außenräumen von hoher Aufenthaltsqualität ist auf einem bisher überwiegend gewerblich geprägten Areal entstanden. Das Bauprogramm umfasst Eigentums- und altengerechte Wohnungen. Die städtebauliche Komposition zielt darauf, die Durchblicke zu dem angrenzenden Platz, dem westlich anschließenden Quartier und zur südlich gelegenen Straße in Szene zu setzen. Die Baukörper orientieren sich mit ihrer Lage und Höhenentwicklung an den umliegenden Gebäuden. Der östliche Teil der Neubebauung des Bäckergangs bildet eine zentrale Platzsituation aus und schafft so eine identitätsstiftende Fläche für die Bewohner der 42 altengerechten Wohnungen. Sie sind in einem horizontal gegliederten Baukörper unter einem geneigten Dach zusammengefasst. Die 26 Eigentumswohnungen sind auf drei westlich gelegene Solitäre verteilt, die durch ein Garagengeschoss verbunden sind.
In dem durch Höhenversprünge geprägten Gelände halten die Häuser Abstand zueinander und definieren die gewünschten Sichtachsen. Hecken und blühende Sträucher grenzen öffentliche Bereiche in natürlicher Weise gegen private Zonen ab.

SCHWEDENKAI

O: *Schwedenkai 1*
A: *KSP Jürgen Engel Architekten BDA*
B: *Seehafen Kiel GmbH & Co. KG*

W: *2007, 1. Preis*
R: *2010*
F: *Mehlhorn*

Das 13-geschossige Hochhaus dient in erster Linie als Terminal für den Fährbetrieb der Stena Line zwischen Kiel und Göteborg. Über einem Sockelbau, der die Straßenkanten von Altem Bootshafen und Hafenstraße aufgreift und die Servicefunktionen für Passagiere und Fracht aufnimmt, sind Mietbüros angeordnet. Gestalterisch setzt sich der hohe Teil durch die geneigten Stirnseiten von der Umgebung ab, was dem Gebäudekomplex die städtebauliche Prägnanz gibt, auch wenn die Stadtseite recht banal und abweisend wirkt. Sockelbauwerk und das horizontal durch Brüstungsbänder gegliederte Hochhaus werden durch ein an der Fassade ablesbares „weißes Band“ eingefasst. In jedem Stockwerk stehen 650 m² flexibel teilbare Büroflächen zur Verfügung. Die Fensterflächen sind als Doppelfassade ausgeführt, bestehend aus einer Prallschicht, einem Sonnenschutz im Fassadenzwischenraum und Isolierglasfenstern als innerer thermischer Haut, was hohen Lärmschutz und hohe Energieeffizienz gewährleistet. Alle Büros können natürlich belüftet werden. Seitlich führt eine Freitreppe zu einer Terrasse auf dem Sockel. Von dieser und dem dahinter liegenden Restaurant ist ein herrlicher Blick auf den Hafen möglich. Die Verbindung des Fährterminals und der Fähren verläuft über eine Gangway, die auch das Hafenumfeld mit den Stellflächen für Lkw und Pkw prägt.

PARKHAUS UND ZOB

O: Auguste-Viktoria-Straße
A: gmp Architekten von Gerkan, Marg und Partner BDA
L: BHF Bendfeldt Herrmann Franke Landschaftsarchitekten BDLA
B: LH Kiel
W: 2010, 1. Preis
R: 2019
F: Mehlhorn

Das groß dimensionierte Bauwerk verbindet den ZOB mit einem Parkhaus. Die Architektur greift die für Kiel ortstypische Backsteinbauweise auf, auch der Baukörper schließt die Raumkante entlang der Kaistraße. Die durch Lisenenvorsprünge gegliederte Fassade ist als licht- und luftdurchlässiges Ziegelgitter ausgebildet, was die Autos verbirgt und einen sparsamen Betrieb durch Verzicht auf künstliche Belüftung sichert. Die reduzierte Anzahl von Stützen im Erdgeschoss erlaubt den ungehinderten Busverkehr mit Ein- und Ausfahrten, Warteplätzen und Vorfahrten. Die Ein- und Ausfahrt in das Parkhaus mit rund 550 Stellplätzen befindet sich an der Auguste-Viktoria-Straße. Die sechs Parkhausebenen werden über eine gegenläufige Spindel erschlossen, bei der mit einer vollständigen Umdrehung zwei Geschosshöhen überwunden werden. Wie bei einer Doppelhelix ermöglicht dieses Prinzip, zwei Spindeln zu verschachteln. Im Parkhaus sind die Stellplätze mit 2,50 m Breite in einem Winkel von 72° schräg angeordnet, was das Ein- und Ausparken erleichtert und die Einhaltung des Einbahnstraßenverkehrs unterstützt. Auf Stützen zwischen den Parkplätzen wird verzichtet. Dadurch werden die Vorgaben der „Empfehlungen für Anlagen des ruhenden Verkehrs“ der Forschungsgesellschaft für Straßen- und Verkehrswesen (2005) als auch die Kriterien des ADAC (2014) für die Benutzerfreundlichkeit von Parkhäusern erreicht.

HAFENHAUS

A 20

O: *Bollhörnkai 1*
A: *Nagel Architekten BDA*
B: *Seehafen Kiel GmbH. & Co KG*

W: *2003, 1. Preis*
R: *2006*
F: *Mehlhorn*

Das Gebäude ist die „Aufstockung“ eines sechsgeschossigen Verwaltungsbaus aus den 1970er Jahren. Auf der Kaianlage des Seehafengeländes gelegen, ist es ein signifikanter Hochpunkt in der Stadtlandschaft. Die einprägsame Silhouette – durch die ästhetische Fassadenerscheinung unterstützt – macht die Geschichte des Gebäudes sichtbar: Ein Materialband taucht innerhalb der Fassade als Mäander auf. Die umhüllende gläserne Struktur ist als Doppelfassade gemäß höchsten bauphysikalischen Anforderungen ausgebildet. Die geschosshohen Fassadenelemente mit wärmegedämmten Aluminiumprofilen als Kastenfenstersystem mit Lüftungsflügeln sichern eine hohe Funktionalität hinsichtlich des Sonnen- und Schallschutzes, der Lüftung und damit eine hohe Energieeffizienz. Der individuell verstellbare Sonnenschutz lässt das Erscheinungsbild der Fassaden in tages- und jahreszeitlich changierendem Spiel des Lichtes immer wieder anders erscheinen. Der Grundriss ist so gestaltet, dass um den festen Kern herum unterschiedliche Raumaufteilungen möglich sind. Das Hafenhaus Kiel ist aufgrund seiner exponierten Lage weithin sichtbar und vertritt gebäudetypologisch eine Gegenposition zum nahen Schwedenkai. Das markante Gebäude konnte dadurch nicht „erste Perle in einer Kette architektonischer Schmuckstücke“ entlang der Förde werden, wie es Claas Gefroi angeregt hatte.

HOTEL ATLANTIC

O: *Bahnhofsplatz 12*
A: *Giorgio Gullotta Architekten*
B: *Grundstücksgesellschaft Raiffeisenstraße 2 mbH*
R: *2002*
F: *Jochen Stüber*

Das Gebäude ersetzt einen Teil eines im Zusammenhang mit den Olympischen Spielen 1972 erbautem Parkhaus und fügt sich in die historische Baustruktur ein. Dadurch erhält der sich zur Förde öffnende, urbane Bahnhofplatz eine markante Raumkante. Baukörper und Gliederung orientieren sich am benachbarten Gebäude der Raiffeisenbank, einem qualitätsvollen Bau der 1950er Jahre (Architekten: Otto Christophersen u.a.). Das Gebäude wurde in klassischer Ziegelbauweise erstellt, setzt sich aber durch den helleren Farbton von diesem ab. Durch die einheitlich großformatigen Fensteröffnungen in den Hotelbereichen wirkt die Fassade ruhig und homogen. Im Erdgeschoss und im 1. Obergeschoss sind die dahinter liegenden Nutzungen durch die großzügige Pfosten-Riegel-Fassade klar ablesbar. Als eigenständiges Fassadenmerkmal gibt sich der große Konferenzsaal mit Blick auf die Förde eindeutig in der Fassade zu erkennen. Im Inneren des Gebäudes befinden sich neben den Hotelzimmern und Suiten mit angeschlossenem Wellness-Bereich großzügige Konferenzräume sowie ein Restaurant mit Weinkeller. Von Dachterrasse bietet sich ein einzigartiger Blick über die Förde. Die Dachaufbauten sind allerdings – insbesondere aus der Fernsicht – kein Gewinn für die dem Baukörper eigene Geschlossenheit. Zwischen dem Hotel Atlantic und dem ZOB ist ein weiteres, vom gleichen Architekten entworfenes Hotel im Bau.

FUSSGÄNGERBRÜCKE KIEL-HÖRN

O: *Gegenüber dem Hbf*
A: *ARGE gmp Architekten von Gerkan, Marg und Partner BDA mit SBP Schlaich Bergermann und Partner*

B: *LH Kiel*
W: *Gutachten, 1994*
R: *1996–1997*
F: *Klaus Frahm*

Als Voraussetzung einer erfolgreichen Entwicklung des ehemaligen Industriegebietes zu einem lebendigen Stadtteil mit Wohnen und Gewerbe erschien es frühzeitig notwendig, eine fußläufige Verbindung vom Hauptbahnhof nach Gaarden zu schaffen. Die Hörnbrücke schafft als Seesteg eine optimale Nähe zum Wasser und zugleich Erlebnisqualitäten. Ihre Ausbildung als gleichzeitiger Anlegesteg erlaubt die Bildung eines Kristallisationspunktes für ein maritimes Hafenleben an dieser Übergangsstelle. Zweifeld-Klappbrücken gehören im Schiffsbau zum technischen Standard; als Zeichen von Innovation wirkt deren weltweit neue Weiterentwicklung zu einer „Dreifeld-Klappbrücke“ als kunstvolles, maritimes Zeichen. Die Attraktion der Brücke liegt in der sichtbaren Konstruktion, ihrer Kinetik im Ruhezustand und in der Bewegung. Drei Brückenteile können „zusammengefaltet“ werden. Jeder Faltung ist eine Seilwinde zugeordnet: Der äußerste Gehwegteil wird über die Pylonköpfe umgelenkt, der mittlere wird über die Neigung des längeren Pylons gesteuert; der kürzere Pylon kippt nach hinten und faltet damit den ersten Gehwegteil auf. Architektur, Ingenieurbau und kinetische Kunst gehen eine neue, sinnfällige und gleichzeitig nutzbare Verbindung ein. Als problematisch haben sich die Reparaturanfälligkeit und der hohe Aufwand der Instandhaltung erwiesen, weshalb es eine „Zweitbrücke“ gibt.

HAUPTBAHNHOF UMBAU EMPFANGSGEBÄUDE

O: *Bahnhofsplatz*
A: *gmp Architekten von Gerkan, Marg und Partner, Architekten BDA*
B: *DB Station und Service AG*
R: *1999–2004*
F: *Fotografie Dorfmüller Kröger Klier*

Der 1895–1900 errichtete Hauptbahnhof war nach den Zerstörungen im II. Weltkrieg 1950–1955 vereinfachend wiederaufgebaut worden. Bautechnische Untersuchungen ergaben später die Notwendigkeit einer umfassenden Sanierung. Neben der Sicherung der Bausubstanz und Berücksichtigung der für die 1950er Jahre zeittypischen architektonischen Qualität erfolgte die Restituierung der Kaisertreppe und die Wiedereröffnung des fördeseitigen Portals mit großem Wappen, durch das einst Wilhelm II. zu seiner Yacht gelangte. Ein Eckturm knüpft mit einer Lichtstele aus Stahl assoziativ an einen nicht erhaltenen, aber städtebaulich markanten Turm an. Durch diese Veränderungen im Einklang mit den historischen Elementen ist der Hauptbahnhof wieder in seiner Umgebung präsent. Zugleich erfolgte die Aufstockung der Mantelbebauung um ein weiteres Geschoss, das sich durch Materialität und Gestaltung deutlich von dem Backsteinbau abhebt und die neue Zeitschicht erkennbar macht. Unter Beachtung denkmalpflegerischer Aspekte wurde auch die aus dem 19. Jahrhundert stammende Stahl-Glas-Querhalle saniert und einige störende Pavillons durch neue ersetzt, um den Kundenlauf und die Orientierung zu verbessern. Später kamen noch die funktional und gestalterisch problematische Verbindung über eine Brücke mit dem Sophienhof und die Anbindung des CAP-Erlebniscenters dazu.

HAUPTBAHNHOF BAHNSTEIGHALLE

O: *Bahnhofsplatz*
A: *Gössler Kinz Kerber Schippmann Architekten BDA*
B: *DB Station & Service AG Deutsche Bahn Gruppe bzw. LH Kiel („Umsteiger“)*
R: *2002–2004 bzw. 2008–2009*
F: *Alois Kiefer*

Nach der umfassenden Erneuerung des Empfangsgebäudes ergab ein Gutachten erhebliche Gründungsschäden der gründerzeitlichen Bahnhofshalle, die deren Abbruch erforderlich machten. Ziel der Planung war es, durch großflächige Öffnungen und reduzierte Konstruktion einen lichtdurchfluteten und freundlichen Raum zu schaffen. Das Konzept greift mit seiner Rundbogenkonstruktion die Typologie der historischen dreischiffigen Halle auf. Durch die V-förmige Anordnung von je zwei Bogenbindern konnte ein Abstand von 22,50 m umgesetzt werden, was eine Verdreifachung des einstigen Stützabstandes bedeutet und der 121 m breiten, dreischiffigen Halle eine bis dahin nicht bekannte Weiträumigkeit gibt. Außerdem war das eine kostengünstige Lösung, weil dadurch sehr aufwendige Gründungen reduziert werden konnten. Linsenförmige Dachfenster wurden quer zu den Gleisen in die Dachhaut geschnitten. Diese schaffen eine gleichmäßige Belichtung der Bahnsteige, eine künstliche Beleuchtung ist dadurch tagsüber nicht erforderlich. Die dem Sophienblatt zugewandte gläserne Fassade war so gestaltet, dass sie den Blick auf das Stadtleben ermöglicht bzw. man von der Straße aus die Züge sehen konnte. Diese visuelle Korrespondenz von Innen und Außen ist allerdings durch den späteren Bau eines Fahrradparkhauses („Umsteiger“) am Sophienblatt teilweise beeinträchtigt.

WOHNQUARTIER HOPFENSTRASSE

O: *Hopfenstraße*
A: *ppp Petersen Pörksen und Partner, Architekten und Stadtplaner BDA*

B: *GEWOBAU NORD Baugenossenschaft*
W: *Gutachterverfahren*
R: *2020–2022*
V: *ppp Petersen Pörksen und Partner*

Die Hopfenstraße ist das Ergebnis eines Durchbruchs durch die gründerzeitliche Blockstruktur der Vorstadt zur Erleichterung des Verkehrs, der aber bisher weder funktional, noch gestalterisch bewältigt ist. Die eine Seite der Straße wird bestimmt durch die geschlossene Rückseite des Einkaufszentrums Sophienhof und eines dazu gehörigen Parkhauses, auf der anderen Seite wurde eine Fläche unter Wert als Parkplatz mit dem Blick auf die Rückseite der Gebäude am Königsweg genutzt. Ausgehend von dieser historischen Entwicklung ergeben sich zwei sehr unterschiedliche Situationen, die an der Lerchenstraße und der Hopfenstraße unterschiedliche bauliche Konzepte verlangen. In einer Baulücke an der Lerchenstraße wird der Baublock mit zwei Gebäuden mit geneigtem Dach und vertikaler Gliederung wieder hergestellt. Im Gegensatz dazu entsteht entlang der Hopfenstraße eine neue Straßenrandbebauung mit der Aufnahme neuer Städtebau- und Architekturthemen wie Maßstäblichkeit, Flachdach und horizontale Gliederung. Die städtebauliche Figur bewirkt dabei drei unterschiedliche Raumtypen: Straßenraum, Gang und Hochgarten, die als öffentliche, halböffentliche und private Räume hierarchisiert sind. Diese Figur bietet eine gut auffindbare Adressbildung für alle Häuser und Wohnungen von der Straße oder vom Gang. Der Hochgarten ist ausschließlich privat.

STADT-WOHNHAUS

A 25

O: *Königsweg 56/58*
A: *Björn C. Siemsen, Architekt BDA*
B: *privat*
R: *2007*
F: *Björn C. Siemsen (2) und Mehlhorn (1)*

Das durch den Architekten bewohnte Haus ist in einer keilförmigen Baulücke von nur 4,50 m an der Straßenseite und hofseitig 80 cm auf einer Grundfläche von 29 m² entstanden und entwickelt das volle Programm eines Einfamilienhauses mit Garage. Die Baulücke zwischen zwei viergeschossigen Miethäusern mit orthogonalem Grundriss aus der Gründerzeit war freigeblieben, weil die Straße hier abknickt und die Baumeister nicht ihre Grundrisse auf die besondere Situation anpassten. In dem Gebäude wird nicht wie üblich horizontal gewohnt, vielmehr erstrecken sich die lichtdurchfluteten Wohnräume über fünf Geschosse. Trotzdem bleiben die Wege durch versetzte Ebenen kurz und die Aufteilung in Lebensbereiche gewahrt. Der in den unteren Geschossen noch sehr geschlossene Grundriss löst sich nach oben immer mehr auf, um schließlich in einem Glasdach über dem Treppenhaus zu enden. Dort ist ein Wintergarten angeordnet, der das Fehlen einer Freifläche ausgleicht. Von der Dachterrasse auf 18 m Höhe bietet sich ein weiter Blick über die Stadt. Durch die ausgeprägte Vertikalität setzt das Haus einen wirkungsvollen Akzent und betont den Knick im Königsweg. Das Haus ist ein Beispiel dafür, wie bei sparsamem Umgang mit Ressourcen und dem Einsatz ökologisch unbedenklicher Materialien selbst kleinste Flächen noch sinnvoll zu nutzen sind, ohne auf Wohnkomfort verzichten zu müssen.

MEDIENHAUS AN DER GABLENZBRÜCKE

O: *Gablenzstraße 9*
A: *Nagel Architekten BDA*
L: *WES Landschaftsarchitektur Landschaftsarchitekten BDLA*

B: *privat*
R: *1990*
P: *Bauherrenpreis der LH Kiel 2003*
F: *Bernd Perlbach*

Das Medienhaus steht an einer innerstädtischen Hanglage zum Hauptbahnhof und den Gleisanlagen und mit Blick auf die Förde. In der architektonisch sehr heterogenen Umgebung setzt das Gebäude ein explizit eigenwilliges Zeichen. Der westliche Gebäuderiegel leitet – orthogonal ausgerichtet vom Blockrand – in die sich öffnenden, leicht schräg versetzten Betonschotten über, sodass sich vom Innenraum der Blick über die Förde aufgefächert weitläufig öffnet. Die vier unterschiedlichen „Seiten" des Hauses entwickeln sich aus den sehr verschiedenen Außenraumbeziehungen an diesem stadträumlich so besonderen Ort. Die unterschiedlichen Materialien der Fassaden reflektieren die sich stets wandelnden Lichtverhältnisse, die ein changierendes Spiel des Lichtes bewirken. Die Nordfassade ist vollkommen verglast und verläuft schräg nach oben. Die Ostseite mit den drei mit Edelstahl belegten Betonschotten lässt je nach Sonnenstand die Fassade unterschiedlich strahlen. Im Süden, zur Gablenzstraße, wird das Licht bzw. die Sonneneinstrahlung durch horizontale Holzlamellen gefiltert.

Das Gebäude „erwächst aus dem Ort heraus" zu einer elementaren skulpturalen Architektur. Die gefächerten Schotten empfangen, verdichten und bündeln die Vielschichtigkeit der städtebaulichen Kräfte und leiten diese in den orthogonalen Stadtgrundriss zur Gablenzstraße über.

STUDENTENWOHNHEIM CAMPUS CORNER

O: *Hummelwiese 2 / Sophienblatt 66*
A: *AX5 Architekten*

B: *DSK – BIG Projekt- und Stadtentwicklung, Familie Edsen, LH Kiel*
R: *2015–2019*
F: *Bernd Perlbach*

Die Kreuzung Sophienblatt/Gablenzstraße ist stark von fließendem Verkehr und damit verbundenem Verkehrslärm belastet. Das Grundstück galt deshalb lange Zeit als nicht attraktiv. Architektonisch weist die Kreuzung sehr heterogene Bebauung auf, die Gebäude nehmen mit ihrer Eckausbildung nur wenig Bezug auf die besondere Lage, wie es im 19. Jahrhundert mit Ecktürmen oder Erkern üblich war. Der Bau sucht keinen Anschluss an eine der unterschiedlichen vorhandenen Eckausbildungen, sondern die einfachste Lösung und bringt damit Ruhe in die Bebauung. Belebung erfahren Baukörper und Fassaden durch kleine, unregelmäßig angeordnete Fenstererker und Bänder in der Lochfassade. „Kieler Dach“ und Dachgauben betonen den Charakter als Wohngebäude.
Das Gebäude ist zwar als Studentenheim gebaut, tatsächlich ist es aber zum Teil von der Stadt für Auszubildende aus der Region angemietet, die eines der Berufsschulzentren besuchen und sich üblicherweise nur kurzzeitig in Kiel aufhalten.
Das Gebäude verfügt insgesamt über 95 Mini-Appartements: Ein größerer Typ hat 23 m² mit Wohn- und Schlafraum sowie eingebauter Küche, ein kleinerer Typ dagegen nur 14 m² mit einem Wohn- und Schlafraum sowie einer im Flur eingebauten Küche. Im Erdgeschoss sind drei kleinere Gewerbeeinheiten angeordnet, die das Gebäude funktional wie auch gestalterisch durch großzügige Fensterbänder in das Umfeld einfügen.

WOHNQUARTIER MARTHAS INSEL

O: *Marthastraße*
A: *Schnittger Architekten + Partner (Konzeption), AX5 Architekten (Hochbau)*
L: *Siller Landschaftsarchitekten BDLA / AX5 Architekten*
B: *DSK-BIG Projekt- und Stadtentwicklung GmbH*
R: *in Bau – 2022*
V: *moka-studio GbR*

Geplant und im Bau ist auf einer lange Zeit brachliegenden Fläche ein Wohnkomplex mit 240 Wohneinheiten. Ziel ist es, eine ausgeprägte Mischung unterschiedlicher Wohnungen zu erreichen, um dadurch eine soziale Mischung der Bewohnerschaft zu fördern. Im nordwestlichen Teil entstehen in drei langgestreckten sowie einem quadratischen Gebäude verschiedene sozial geförderte Wohnformen für unterschiedliche Nutzergruppen wie Studenten und andere junge Menschen. Auf der anderen Seite, der Hangkante, bieten sogenannte Kliff- und Dünenhäuser Miet- und Eigentumswohnungen in unterschiedlicher Größe vom Mikro-Appartement für Pendler oder Singles bis zu Vier-Zimmer-Wohnungen mit Blick über die Bahnanlagen zur Hörn.

Fast die Hälfte der Wohnungen wird geförderter und damit „bezahlbarer" Wohnraum sein. Die Stadt hat dafür 2019 etwa 100 geförderte Wohnungen von dem Investor erworben. Diese sind die ersten Sozialwohnungen der neugegründeten KiWoG Kieler Wohnungsbaugesellschaft. Zehn dieser Wohnungen werden rollstuhlgerecht und weitere 15 barrierefrei gebaut. Die Größe beträgt zwischen 40 und 80 m².

Die Gestaltung der Gebäude und Freiflächen folgt einer „maritimen Leitidee", weshalb auch das Projekt seinen Namen bekommen hat. Sandsteingelbe Fassaden mit hölzernen Elementen und die Freiraumgestaltung assoziieren gestalterisch die allerdings weit entfernte Küstenlandschaft.

WOHNHAUS JEßSTRASSE

O: *Jeßstraße 4*
A: *BSP Architekten BDA*
B: *Frank Heimbau Nord GmbH*
R: *2013–2020*
V: *BSP Architekten*

Das Mehrfamilienhaus mit zehn Wohnungen schließt in ruhiger und zentraler Wohnlage eine innerstädtische, im II. Weltkrieg entstandene Baulücke innerhalb einer gründerzeitlich geprägten Miethausbebauung, die jahrzehntelang als Kinderspielplatz genutzt worden war. Die Grundstücksvergabe erfolgte im Wege einer konkurrierenden Konzeptvergabe. Das städtebauliche Konzept war zwar sehr einfach und sah die Wiederherstellung der historischen Blockrandbebauung vor. Dennoch dauerte das Genehmigungsverfahren fast fünf Jahre bis alle Probleme gelöst waren, die eine Grenzbebauung bei schiefwinkeligem Grundstückszuschnitt mit sich bringt. Die Grundrisse sind hauptsächlich als 3-Zimmer-Wohnungen konzipiert. Der Entwurf reagiert auf eine gegenüberliegende Querstraße, die einen weiten Blick ins Grün des Südfriedhofes erlaubt, mit einer großzügigen und gestaltprägenden Balkonanlage. Schiebeläden aus Metalllamellen, die sowohl vor die Balkone wie auch vor die bodentiefen Fenster geschoben werden können, bieten sowohl Sonnenschutz als auch individuell einstellbaren Sichtschutz für die vollständig nach Süden ausgerichteten und weitgehend verglasten Wohnräume. Die offenen Küchen grenzen direkt an die Wohnräume, die Schlafräume sind zum ruhigen Innenhof orientiert.

FACHPFLEGEZENTRUM PAUL-FLEMING-HAUS

O: *Paul-Fleming-Straße 3*
A: *BIWERMAU Architekten BDA*
B: *HVVG Heimverwaltungs- und Vermietungsgesellschaft mbH*

W: *2015, 1. Preis*
R: *2018*
F: *Jochen Stüber*

A 30

Das langgestreckte Haus steht an der Nahtstelle einer Wohnbebauung aus den 1920er Jahren und öffentlichen Bauten wie der Käthe-Kollwitz-Schule und dem Stadtkloster vom Beginn des 20. Jahrhunderts mit unterschiedlicher Maßstäblichkeit. Der Baukörper ist langgestreckt und durch Einschnitte und Rücksprünge in vier ablesbare Einheiten gegliedert. Durch die von Osten nach Westen abnehmende Höhe vermittelt er den Maßstabssprung von der Schule zu den benachbarten Wohnhäusern. Auch die Form der geneigten Dächer stellt Bezüge zur Nachbarschaft her. Die Fassaden aus hellem warmgrauen Klinkermauerwerk nehmen die Materialität der Umgebung auf und werden belebt durch holzfarbene Fenster, Geländer und Loggiaelemente.

Schwerpunkt der Nutzung ist die Gerontopsychische Fachpflegeeinrichtung im Erd- und 1. Obergeschoss zur Versorgung von 62 an Demenz erkrankten Menschen in offenen Wohngruppen. Im 2. Obergeschoss sind 16 Apartments als Altenwohnungen mit ambulanter Betreuung eingerichtet, in denen die Bewohner weitgehend selbstbestimmt leben können. Im darüber gelegenen Geschoss gibt es sieben eigenständige Altenwohnungen und 15 Therapieräume. Das Zentrum des Gebäudes bildet ein mit Glas überdecktes lichtes Atrium als Kommunikations- und Verkehrsraum. Weitere kleine Atrien und Flurnischen und ein gemeinschaftlich zu nutzender Dachgarten ergänzen den Kontakt nach außen.

REGIONALES BERUFSBILDUNGS-ZENTRUM AM SCHÜTZENPARK

O: *Westring 100*
A: *Zastrow und Zastrow, Architekten und Stadtplaner (Haus A) / AX5 Architekten (Haus C)*
B: *LH Kiel*
W: *Wettbewerb, 1. Preis, ÖPP-Verfahren*
R: *2011–2013 (Haus A), 2017–2020 (Haus C)*
F: *Bernd Perlbach*

Das RBZ dient der Berufsausbildung in den Bereichen Soziales, Ernährung und Bau. Das Gebäude A war so angelegt, dass es zwei ältere Gebäude miteinander verbinden sollte. Eines davon erwies sich bei näherer Untersuchung aber als so marode, dass es abgerissen werden und durch einen Neubau (Haus C) ersetzt werden musste.

Der dreigeschossige Riegelbau (A) mit einer Nutzfläche von ca. 5.000 m² ist nach außen sehr einfach gestaltet und entwickelt seine architektonischen Qualitäten innen. Der innere Bereich erhält über drei Lichthöfe Tageslicht, was den Nutzern zugleich die Orientierung erleichtert. Im Erdgeschoss befinden sich eine Mensa mit Vollküche sowie mehrere Lehrküchen und Lehrrestaurants. Die Mensa ist so angelegt, dass hier auch Veranstaltungen stattfinden können. In den Obergeschossen sind die Verwaltung sowie Klassen- und Fachräume angeordnet. Nach Osten öffnet sich der höhengestaffelte Bau zum Außenraum, die Gebäude sind durch Glasgänge verbunden.

Das Haus C nimmt die Themen des Hauses A auf und schafft durch klare Grundrisse und drei Lichthöfe Orientierung und Aufenthaltsqualität. Der Vorplatz am Westring bildet den zentralen Zugang zum RBZ. Der nach Süden vor Lärm geschützte Mensaplatz erweitert die Außensitzplätze der Schulmensa und dient als Treffpunkt der Schüler während den Pausen.

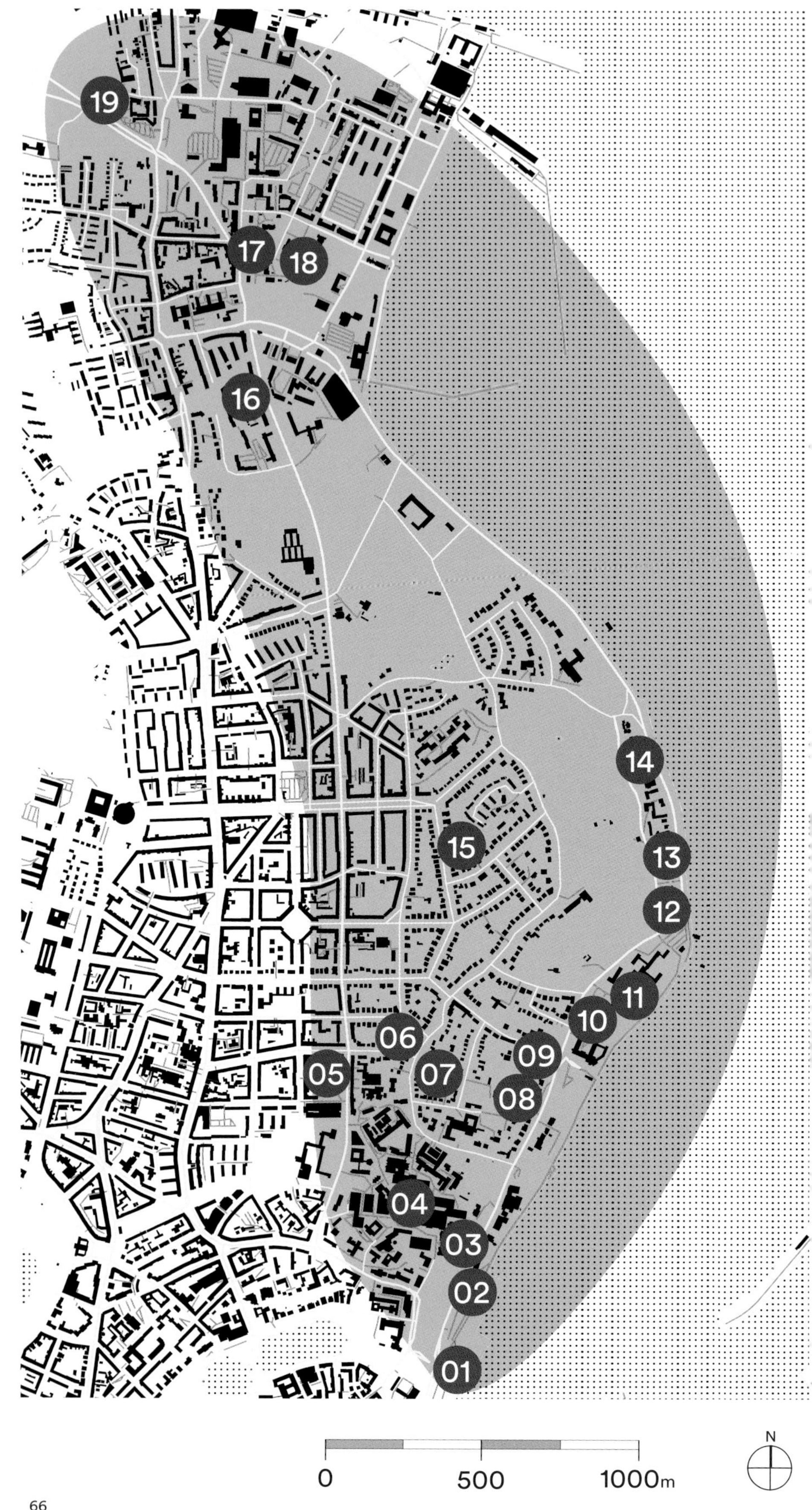

19
17
18
16
14
15
13
12
11
10
06
09
05
07
08
04
03
02
01
0
500
1000m
N

B

NACH NORDEN BIS ZUR WIK

KREUZFAHRTTERMINAL OSTSEEKAI

B 01

O: *Wall 68*
A: *AX5 Architekten (1.BA) / ARGE eins : eins Architekten BDA mit Ladwig Architekten (2.BA)*
B: *SEEHAFEN KIEL GmbH & Co. KG*
W: *Kooperatives Verfahren 2017*
R: *2007 + 2020*
V: *Archimage, Heike Hansen*

Die beiden Bauabschnitte des Fährterminals sind trotz einiger formaler Unterschiede nur als Teile eines einheitlichen Ensembles zu verstehen. Das Gebäude als Ganzes bietet ein Abbild der Bewegungen, indem die gerundeten Formen die Wegeführung der Passagierströme zu den Gangways aufnehmen und diese als integrale Bestandteile der Architektur einbinden. Einzelne Teilfunktionen und Elemente des Gebäudes werden in einer Architektursprache homogenisiert. Die Bauteile bilden einen V-förmigen Empfangsplatz zur Stadt für die ankommenden Passagiere.
Durch die Auskragung des Obergeschosses ergibt sich ein überdachter Zugangsbereich. An der Nahtstelle zwischen den beiden Bauabschnitten führt eine Freitreppe auf eine überdachte, öffentlich begehbare Terrasse, von der sich ein weiter Blick auf die Förde öffnet. Im Inneren werden die Passagiere um einen zentralen Kern geleitet. Im Erdgeschoss befindet sich die Gepäckaufgabe – von dort werden die Reisenden über eine Rolltreppe in das Obergeschoss geführt, wo sich Check-In und Wartebereiche befinden. Die umlaufend raumhohe Verglasung lässt die dort wartenden Menschen das Geschehen im Hafen erleben. Im Obergeschoss wurde landseitig ein durchgängiger Weg vom 1. Bauabschnitt zur Gangway entlang der Fassade geschaffen. Die Passagiere können dadurch durch den neuen Teil geführt werden, ohne den dortigen Betrieb zu kreuzen.

LANDSTROMANLAGE

O: *Ostseekai 1*
A: *BSP Architekten BDA mit Team Licht*
B: *Port of Kiel, Seehafen GmbH*
R: *2020*
F: *Mehlhorn*

Die Landstromanlage steht am nördlichen Ende des Ostseekais und umhüllt eine Reihe von Transformatoren, über die die gewaltigen Strommengen bereitgestellt werden, die die Kreuzfahrt- und Fährschiffe während ihres Aufenthaltes im Hafen benötigen. Bis zur Realisierung der Anlage mussten die Schiffe während der Liegezeiten ihre Dieselmotoren laufen lassen, was zu erheblichen Schadstoff- und CO_2-Emissionen führte.
Die Landstromanlage ist sowohl von der Kiellinie als auch vom Schlossgarten weithin präsent. Die gestalterischen Anforderungen waren dementsprechend hoch. Der Gebäudekörper ist teilweise unter den bestehenden Landgang der Kreuzfahrtterminals geschoben, so dass beide ein zusammenhängendes Ensemble bilden. Die technoide Gebäudeform mit gerundeten Ecken ist aus der Architektursprache der „größeren Brüder“ entwickelt. Anders als bei jenen musste allerdings die Fassade aus Gründen der Sicherheit und des Schallschutzes vollständig geschlossen werden. Da es aber wichtig schien, dass sich die Funktion dem Betrachter mitteilt, entwickelten die Architekten eine Metallfassade mit Lochungen, die mit einer Lichtinstallation aus 13.000 LED-Punkten hinterlegt ist. Der Stromverbrauch für die Lichtinstallation wird über eine Photovoltaik-Anlage auf dem Dach des Landgangs gedeckt.

KUNSTHALLE ZU KIEL – EINGANGSBEREICH

B 03

O: *Düsternbrooker Weg 1*
A: *Sunder-Plassmann Architekten BDA*
B: *Land SH, CAU / Kunsthalle zu Kiel*
W: *2009, 1. Preis*
R: *2012–2013*
P: *BDA-Preis Schleswig-Holstein 2015*
F: *Mehlhorn*

Die Kunsthalle ist 1907–1909 als zeittypischer Bau mit Barock- und Jugendstilelementen entstanden (Architekten: Georg Löhr). Die Asymmetrie spiegelt die Nutzung als Ausstellungs- und Lehrgebäude wider. Nach dem II. Weltkrieg erfolgte ein vereinfachender Wiederaufbau (Landesbauverwaltung, 1955–1958) und eine rückwärtige Erweiterung (Architekten: Jungjohann, Hoffmann und Krug, 1982–1986). Im Zusammenhang mit der Wiederherstellung des Schlossgartens erfolgten die Neugestaltung des Eingangsbereichs und die Verlagerung einiger Funktionsräume in einen vor den Eingang vorgestellten Anbau. Der vitrinenartige Anbau ist so konzipiert, dass er die Asymmetrie des Altbaus ausgleicht und das für die 1950er Jahre charakteristische Treppenhaus mit einer freischwingenden Treppe nicht beeinträchtigt. Die formale Eigenständigkeit wird durch die Verwendung von Glas und Kupfer betont.

Der Anbau erfolgte im Zusammenhang mit der Neuordnung des benachbarten Schlossgartens und der Neudefinition des Vorplatzes durch eine Treppenanlage parallel zum Düsternbrooker Weg, einer wichtigen Verbindung von der Innenstadt zum Regierungsviertel. In diese sind zwei Wisente darstellende verwitterte Großplastiken aus Muschelkalk von August Gaul (1869–1921), einem der bedeutendsten Tierbildhauer seiner Zeit, einbezogen, die durch ihre ruppige Oberfläche die Glätte des Gebäudeeingangs kontrastieren.

UKSH UNIVERSITÄTSKLINIKUM

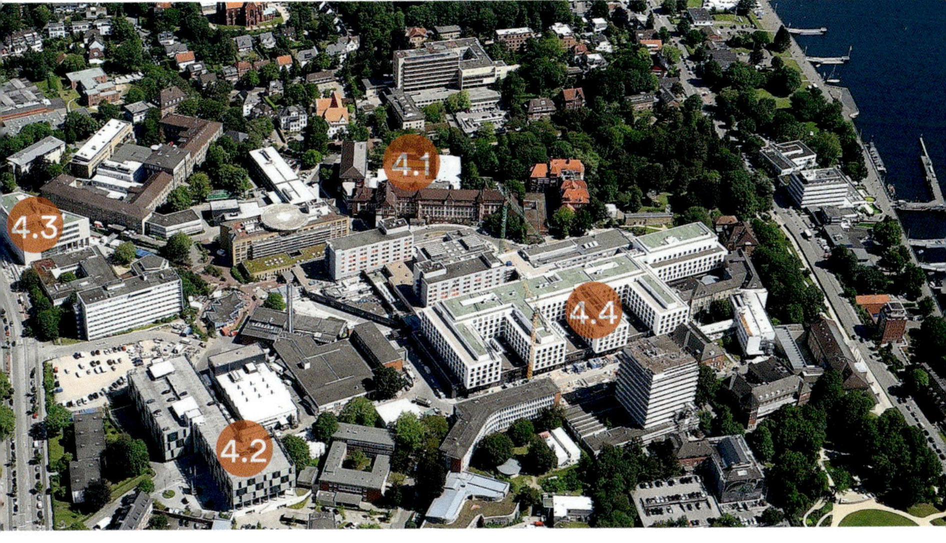

O: *Arnold-Heller-Straße 3*
A: *mehrere Architekten*
B: *Land SH / GM.SH*
R: *Ab 2007 in Bau bzw. Planung*
F: *euroluftbild.de*

4.1 Ambulanz der Schmerz- und Palliativstation
4.2 Parkhaus
4.3 Quincke-Forschungszentrum
4.4 Zentralklinikum

Das UKSH geht auf die 1860–1862 gegründeten Akademischen Heilanstalten zurück. Im II. Weltkrieg wurde ein großer Teil der Gebäude zerstört, zum Teil wieder aufgebaut oder durch Neubauten ohne städtebauliches Konzept ersetzt. Die ungeordnete Bebauung auf begrenzter Fläche machte es immer schwerer, neuen Anforderungen zu genügen. Ein Masterplan bildet nunmehr die Grundlage für weitere Baumaßnahmen. Mehrere Bauten sind bereits errichtet, andere in Bau oder in Planung. An der Feldstraße, neben dem Quincke-Forschungszentrum, entsteht u.a. ein zweiteiliges, der Forschung und Lehre dienendes Gebäude (Henn, Architekten BDA, Beginn: 2022).

AMBULANZ DER SCHMERZ- UND PALLIATIVSTATION

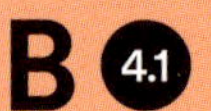

B 4.1

O: *Schwanenweg 21*
A: *Schmieder. Dau. Architekten BDA*
B: *Land SH / GM.SH*
R: *2005*
P: *BDA-Preis Schleswig-Holstein 2007*
F: *Christoph Edelhoff*

Durch die Stellung des kleinen Kubus parallel zum Schwanenweg zwischen größeren Bauten unterschiedlichen Alters und unterschiedlicher architektonischer Qualität wird ein hofartiger Freiraum gebildet, auf den sich die Patientenzimmer orientieren. Die nach Süden ausgerichtete geschützte Fläche unter einer Pergola lädt zum Aufenthalt in der Südsonne ein. Das Gebäude ist ein einfacher Kubus mit geometrischen Einschnitten. Die Außenhaut besteht aus rotem Zedernholz. Im Kontrast dazu wirken die Fensteröffnungen eher technisch. An der Straßenseite schließen die streifenförmigen Fensteröffnungen mit konsequenter Structural-Glazing-Verglasung profillos und bündig mit der Fassade ab. Das Dach als fünfte Fassade hat eine extensive Begrünung und wirkt so als Bindeglied zum nahen Alten Botanischen Garten.
Der Innenhof ist derzeit durch ein eingeschossiges Bauwerk geringer Qualität so verbaut, dass die Innen-Außen-Beziehung erheblich gestört ist und die Patienten auf eine öde und verschattete Wand schauen müssen.

PARKHAUS

O: *Arnold-Heller-Straße 8*
A: *Schmieder. Dau. Architekten BDA*
L: *Kessler.Krämer Landschaftsarchitekten BDLA*
B: *Land SH / GM.SH*
R: *2013*
F: *Christoph Edelhoff*

Das Parkhaus bildet zugleich den Haupteingang zum Klinikum und überspannt die Straße freitragend über 20 m. Der Baukörper wird durch Vor- und Rücksprünge sowie die Treppenhäuser vertikal gegliedert, wodurch seine Masse optisch reduziert wird. Die horizontale Gliederung übernehmen drei „Geschossbänder", die jeweils zwei bis drei Parkebenen mit Textilmembranen zusammenfassen. Im Erdgeschoss sorgen die zentrale Anmeldung, eine Apotheke und eine Bäckerei mit Außensitzplätzen für einen freundlichen Empfang der Gäste des Klinikums. Mit einer Bruttogeschossfläche von 22.248 m² verfügt das Parkhaus über 896 Stellplätze, verteilt auf sieben Parkebenen, der Untergeschossebene und der Außenfläche. Das Parkhaus wird von 950 Tonnen Stahlkonstruktion getragen, 4.500 m³ Beton und 400 Tonnen Stahl wurden verbaut, 3.500 m² semitransparente Textilmembranen für die Fassade aufgespannt. Die Durchlässigkeit der Membranen erleichtert den Luftaustausch und erübrigt eine mechanische Lüftung.

QUINCKE-FORSCHUNGSZENTRUM

O: *Feldstraße*
A: *Heinle, Wischer und Partner*
L: *BHF Bendfeldt Herrmann Franke Landschafts-architekten BDLA*

B: *Land SH / GM.SH*
R: *2021*
F: *Mehlhorn*

Das nach dem Internisten und Professor der CAU, Heinrich Quincke (1842–1922), benannte Gebäude ist ein hochmodernes Forschungszentrum und verfügt über biochemische Labore im S2-Standard, Auswertungsplätze sowie Büros und Besprechungsräume. Durch seine Ecklage hat es eine besondere Stellung auf dem Campus und markiert den Eingang zum zukünftigen Forschungs- und Lehrzentrum der CAU. Der Eingangsbereich mit einer zweigeschossigen Arkade vermittelt die Verbindung zum zukünftigen Campus und zum geplanten Hörsaalzentrum. Die Funktionen des Gebäudes bestimmen die äußere Gestaltung als geschlossen, halbtransparent und offen. Die großflächige Verglasung vor den Laboren an der Feldstraße lässt einen Sichtkontakt nach außen zu, andere sensible Bereiche sind dagegen geschlossen. Das Gebäude versteht sich als generisches Laborgebäude mit etwa 4.000 m² Nutzfläche, das entsprechend der sich stets ändernden Anforderungen (Größe der Teams, Forschungsinhalte u.a.) einen nutzungsneutralen Grundriss aufweist und im Bedarfsfall ohne großen Aufwand verändert werden kann. Auch die Anordnung der haustechnischen Installationen ohne abgehängte Decken wird es erleichtern, diese problemlos nachzurüsten und den Grundriss zu ändern. Alle Obergeschosse sind identisch aufgebaut: Der Laborbereich mit sechs zunächst gleich angelegten Einheiten ist zur Feldstraße orientiert.

ZENTRALKLINIKUM

O: *Arnold-Heller-Straße 3*
A: *Planungsgemeinschaft Architekten UKSH: JSWD Architekten / HDR GmbH /a|sh sander.hofrichter architekten / TSJ Tönies + Schroeter + Jansen Architekten*
L: *Siller Landschaftsarchitekten BDLA*
B: *Land SH / GM.SH*
R: *2015–2020 (Neubauten), Umbau und Sanierung bis 2025*
F: *Christa Lachenmaier*

Der Bau des Zentralklinikums setzt durch seine Großform ein neues Zeichen im Klinikum-Campus. Hier werden zahlreiche bisher verstreute Einrichtungen gebündelt. Bestand und Neubau sind an der Schnittstelle durch eine lichtdurchflutete Magistrale verbunden. Von dieser werden die Ambulanzen, weitere medizinische Funktionsbereiche und die Aufzüge zu den Bettenstationen erreicht. Die 640 Patientenzimmer sind in vier kammartig angelegten Obergeschossen untergebracht und umgreifen luftige Innenhöfe. Weitere Lichthöfe im Rücken der Kammstruktur erlauben die natürliche Belichtung von Aufenthalts- und Arbeitsbereichen im Sockelgeschoss. Der neue Haupteingang öffnet sich zu einem Vorplatz. Von hier aus sind die Wege zu den weiteren Nutzungen und Kompetenzzentren kurz. Auch das neue Kopfzentrum aus HNO-, Augen und Zahnmedizin findet hier seine neue Adresse. Zur Förde bildet das Mutter-Kind-Zentrum den Abschluss des Komplexes. Eine Referenz an die lokale Bautradition ist die Verwendung von Klinkern an der Sockelzone, die geschlossenen Fassadenflächen der Bettenstationen sind dagegen mit Faserzementplatten verkleidet. Die Idee des lichtdurchfluteten Krankenhauses setzt sich bis in die Patientenzimmer fort: Helle und freundliche Farben bewirken ein hohes Maß an Behaglichkeit, was eine angenehme Atmosphäre für alle – Patienten, Gäste und Personal – bewirken soll.

FINANZAMT

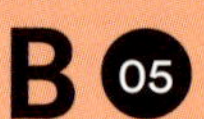

B 05

O: *Feldstraße 23*
A: *bbp : architekten BDA*
B: *Land SH / GM.SH*
R *Haus A: 2011 (Fassade), 2013 (Innenbereich); Haus E: 2011*
P: *Bauherrenpreis der LH Kiel 2012; BDA-Preis Schleswig-Holstein 2015; Nominierung Deutscher Architekturpreis 2016*
F: *Bernd Perlbach*

Haus A: Das 13-geschossige, aus den 1970er Jahren stammende Hochhaus war sanierungsbedürftig. Die auffällige neue Fassade entspricht den spezifischen Anforderungen eines Hochhauses, insbesondere der hohen Windbelastung. Dabei kam eine Kastenfensterkonstruktion zum Einsatz, die in zwei verschiedenen Ausprägungen als Sommer- und Winterfenster wechselnd das Bild der Fassade bestimmt.
Bei dem Winterfenster befindet sich die äußere Glasscheibe in der Fassadenebene, der Sonnenschutz ist wind- und wettergeschützt. Beim Sommerfenster ist die äußere Glasscheibe um ca. 15 cm nach außen vor die Fassade geschoben. Die intensive Durchlüftung des Fassadenzwischenraumes sorgt für eine gleichbleibende Lufttemperatur. Eine Bedruckung der Außenscheiben schafft zusätzlichen Sonnenschutz. Jedes Büro verfügt über mindestens ein Sommer- und Winterfenster, so dass die natürliche Lüftung je nach Außentemperatur erfolgen kann.
Die Giebelseiten sind mit einer zwischen Gold- und Grautönen changierenden Alu-Fassade verkleidet. Die markanten Treppenhaustürme werden durch vertikale Glasbänder betont. Die Alu-Bleche sind gelocht, um den Blick aus den dahinterliegenden Fenstern zu ermöglichen.
Haus E: Das benachbarte, von 1974 stammende Gebäude wurde in optischer Anlehnung an das Haus A saniert und neuen Sicherheitsstandards angepasst. Integriert ist ein plastisches Fassadenrelief.

EINFAMILIENHAUS

O: *Lornsenstraße 2b*
A: *Scheuring und Partner Architekten BDA*
B: *Privat*

R: *2002*
P: *BDA-Preis Schleswig-Holstein, 2003*
F: *Werner Huthmacher*

B 06

Das städtische Grundstück galt wegen seiner geringen Größe (10 m breit und 60 m lang) und seines Zuschnitts als unbebaubar. Dazu kam, dass eine 100 Jahre alte Linde, die gemäß Baumschutzsatzung zu erhalten war, eine bauliche Nutzung des Grundstücks erschwerte. Trotz bester Lage nahe der Förde und dem Klinikum, umgeben von Villen des 19. Und 20. Jahrhunderts, „widersetzte" es sich immer wieder Bebauungsversuchen.
Die Breite wird unter Berücksichtigung der landesrechtlichen Abstandsflächen ausgereizt und die Länge durch Anbauten verstärkt. Im fast völlig verglasten Erdgeschoss ermöglichen Schichten von raumbegrenzenden Elementen im Außenraum wie eine doppelreihige Kirschlorbeerhecke, ein 20 m langes Holzspalier und die über 3 m hohe Bambushecke ein abgeschirmtes privates Wohnen, das sich trotz der exponierten Lage nach außen öffnet. Die nach Süden orientierte Straßenfassade ist im Erdgeschoss mit transluzenten Profilglaselementen und TWD-Füllung gestaltet. Der massive Betonkörper der Obergeschosse ruht auf dem scheinbar schwerelosen Erdgeschoss und sorgt für die notwendige Privatheit der Schlaf- und Ruhebereiche. Die Öffnungen im Betonkubus liegen nicht nur in der Fassadenfläche, sondern höhlen auch das Volumen aus und bilden im 2. Obergeschoss eine abgeschirmte Außenterrasse, das 1. OG erhält über eine 16 m lange Horizontalverglasung Nordlicht.

GEMEINDEHAUS PAULUSKIRCHE

B 07

O: *Niemannsweg 16*
A: *Zastrow und Zastrow, Architekten und Stadtplaner*
L: *Brien Wessels Werning Landschaftsarchitekten BDLA*
B: *Kirchengemeinde Heiliggeist*
W: *2008, 1. Preis*
R: *2009–2011*
P: *BDA-Preis Schleswig-Holstein 2011, Auszeichnung; Bauherrenpreis der LH Kiel (mit C.12)*
F: *Mehlhorn*

Der Bau des Gemeindehauses steht im Zusammenhang mit dem des Gemeindezentrums der ehem. Ansgargemeinde (→**C.12**). Die städtebauliche Situation ist jedoch eine völlig andere. Das eingeschossige Gebäude bildet zusammen mit der Anpflanzung von schwedischen Mehlbeerbäumen einen flachen Saum um die neugotische Kirche (Arch: von Gotzkow, 1879–1882) und kontrastiert zu deren Vertikalität. Der langgestreckte Baukörper flankiert entlang der nördlichen Kante des Kirchenplateaus die Nordseite der Kirche in deren ganzer Länge. Er wird durch einen Eingangshof, der teilüberdacht und an seinen Längsseiten offen ist, geteilt. Gegenüber dem Nordportal gelegen und mit Pflanzen und einer Sitzbank gestaltet, stellt dieser einen Ort der Begegnung und Kontemplation im Freien dar. Die Räume beidseits dieses Hofes werden über Arkadengänge erschlossen, die vielfältige Ein- und Ausblicke ermöglichen und den Übergang zwischen Außen und Innen bilden. Der Gemeindesaal wird vorwiegend für musikalische Zwecke (Chorproben und Konzerte) genutzt und hat deshalb eine den akustischen Anforderungen entsprechend gestaltete Decke aus gefalteten Paneelen. Das Gemeindehaus ist monolithisch gestaltet, die Fassade kontrastiert zur Kirche mit hellgrauen Ziegeln. Am östlichen Ende des langen Gebäudes ist in einem zweiten Geschoss die Hausmeisterwohnung mit eigenem Zugang und Dachterrasse angelegt.

TERRASSENHÄUSER DÜSTERNBROOK

O: *Düsternbrooker Weg 55–57*
A: *Architektencontor Schäfer Agather Scheel*
L: *Henning Klapper Landschaftsarchitekt*
B: *BIG Anlagen GmbH*
R: *2007*
F: *Arne Biederbeck*

B 08

In bevorzugter Wohnlage, direkt gegenüber den Freiflächen zwischen Düsternbrooker Weg und Kiellinie mit Liegewiese und Sporthafen Reventlou, stehen die beiden kubischen Baukörper und nehmen den Rhythmus der villenartigen Nachbarbebauung auf. Durch die Hanglage des Grundstücks und die gestaffelte Anordnung der Terrassenhäuser bzw. der Wohnungen ist von jeder Wohnung aus ein freier Blick auf die Förde gegeben. Eine zwischen beiden Baukörpern verlaufende Außentreppe erschließt die drei einzelnen Terrassenhäuser, die auf einem gemeinsamen Sockel aufsitzen, in dem eine Tiefgarage und Nebenräume angeordnet sind. Alle Wohnungen des südlichen Terrassenhauses erstrecken sich über jeweils zwei Ebenen: in der unteren der Wohnbereich mit einer Terrasse nach Süden, in der oberen die Schlafräume mit einer Dachterrasse nach Osten und der Sicht auf das Wasser. Der nördlich stehende Baukörper nimmt Material und Form der südlichen Terrassenhäuser auf, ist aber geschossweise mit je zwei Wohnungen im Erd- und 1. Obergeschoss organisiert, darüber ein Staffelgeschoss mit einer Wohnung. Die einheitlich gestalteten Außenanlagen lassen die Gebäude zu einer Einheit zusammenwachsen.

AIK ARCHITEKTEN- UND INGENIEURKAMMER SCHLESWIG-HOLSTEIN

B 09

O: *Düsternbrooker Weg 71*
A: *Hertzsch Kersig Wardeiner*
L: *Peter Friedrich*

B: *Versorgungswerk der Architekten, KdöR*
R: *1999*
F: *Mehlhorn*

Die um 1885 von J.A. Lauers errichtete Backsteinvilla war im II. Weltkrieg zerstört und ist danach wiederaufgebaut und im rückwärtigen Teil 1965 nicht besonders sensibel für eine Büronutzung ergänzt worden. Die Umnutzung für Zwecke der AIK machte mehrere Eingriffe in die Struktur des Bestandes erforderlich. Zum einen wurde der Anbau beseitigt und durch einen Neubau ersetzt. Dieser ist – erst nach dem Betreten des Hauses erlebbar – durch einen schmalen gläsernen Puffer vom Altbau getrennt, durch stegartige Brücken werden die vorderen und hinteren Geschäftsräume verbunden. Dieses Zwischenstück gibt dem Haus ein hohes Maß an Transparenz und Helligkeit. Von vorn, sofort ins Auge springend, ist die Verlegung des Eingangs in den Sockelbereich und der den vorspringenden Risalit bekrönende verglaste Dachaufsatz, der einen früher dort befindlichen, nicht wieder aufgebauten Turmaufsatz ersetzt. Dieser ist als Stahlrahmenkonstruktion ausgeführt und nimmt einen Vortragssaal auf, von dem aus sich ein sehr schöner Blick auf die Förde bietet und über das Fehlen einer Klimaanlage hinwegsehen lässt. Der Innenausbau zielt darauf, Alt- und Neubau durch die Oberflächengestaltung erkennbar zu belassen: weißer Rauputz im Anbau versus glatte weiße Wände im Altbau. Detaillierung und Farbgebung sind innen wie außen von großer Zurückhaltung und Präzision.

LANDESHAUS, UMBAU UND PLENARSAAL

O: *Düsternbrooker Weg 70*
A: *Pax Brüning Architekten BDA*
L: *Brien Wessels Werning Landschaftsarchitekten BDLA*

B: *Land SH / GM.SH*
W: *1999, 1. Preis*
R: *2001–2004*
F: *Mehlhorn*

B 10

Das Landeshaus ist als Sitz des Parlamentes seit 1950 das politische Zentrum Schleswig-Holsteins. Der 1883–1888 als Kaiserliche Marineakademie errichtete historistische Backsteinbau wurde seitdem mehrmals umgebaut, ohne den militärisch-repräsentativen Charakter ganz zu verlieren. Das änderte sich schließlich mit einem völligen Umbau und dem Anbau eines gläsernen Plenarsaals auf der Fördeseite. Vom Eingang aus erstreckt sich nunmehr ein kaskadenartiges Erschließungsband durch das ganze Haus bis zur Förde, die damit als Landschaftspanorama zum Bildinhalt wird. Die Bestuhlung des Plenarsaals ist so aus der Sichtachse gedreht, dass der Blick durch das Haus frei bleibt. Besucher finden auf einer Empore im Oberschoss Platz. Sowohl diese topografische Einbindung als auch die ablesbare Identität des transparenten Bauteils werden im Dialog zum geschlossenen massiven Altbau als Sinnbild für Offenheit und „Weitblick“ verstanden. Die Leichtigkeit des aufgeständerten Plenarsaals setzt sich in einer deckartigen Terrasse aus Holz über einem Wasserbecken fort. Der Höhenunterschied zwischen Terrasse und angrenzender Grünfläche ist dafür genutzt, dort Sitzstufen anzuordnen, die Gelegenheit zum Aufenthalt bieten. Der Umbau des Gebäudes umfasste auch die besucherfreundliche und barrierefreie Neugestaltung der Empfangs- und Ausstellungsflächen, Cafeteria und Sitzungssäle.

HAUS B (EHEM. KOMMANDANTENHAUS)

B 11

O: *Düsternbrooker Weg 70–76*
A: *Schmieder. Dau. Architekten BDA*
L: *BHF Bendfeldt Herrmann Franke Landschafts-architekten BDLA*
B: *Land SH / GM.SH*
R: *2009*
F: *Mehlhorn*

Das Haus B gehörte zur benachbarten Marineakademie und war ursprünglich Wohnsitz des Kommandanten. In den 1950er Jahren tagte hier das Kabinett, anschließend wohnte hier der Ministerpräsident, später war es Amtssitz des Bundesratsministers, dann des Beauftragten für Menschen mit Behinderung. Die Bezeichnung „Haus B" stammt aus den 1950er Jahren, als die Teile des Gebäudeensembles mit Buchstaben bezeichnet wurden. Das Gebäude wird heute für Empfänge und Konferenzen des Landtages und der Landesregierung genutzt.

Die Sanierung des zweigeschossigen Backsteingebäudes erfolgte unter Berücksichtigung denkmalpflegerischer Aspekte. Dabei wurde versucht, das Alte mit dem Neuen so zu verbinden, dass jedes für sich erkennbar bleibt und zusammen eine neue Qualität gewinnt. Zum Einsatz kamen authentische Materialien wie Glas, Stahlfenster, Edelstahltragprofile, mineralische Putze und Anstriche, Terrazzo, Eichenparkett und Steinzeugfliesen. Das Zusammenspiel des historischen Sichtmauerwerks mit in dunklem Eisenglimmer lackierten Rundbogenstahlfenstern ergibt ein spannendes Nebeneinander. Von außen erkennbar sind vor allem die Wiederherstellung des Haupteingangs und die Schaffung eines gläsernen Anbaus nach Abbruch des abgängigen Wintergartens. Der gläserne Anbau korrespondiert mit dem ebenfalls ganz aus Glas bestehenden benachbarten Plenarsaal des Landtags.

ZENTRALBIBLIOTHEK FÜR WELTWIRTSCHAFT ZBW

O: *Kiellinie 66*
A: *Walter von Lom & Partner Architekten BDA*
B: *Land SH / GM.SH*
W: *1996, 1. Preis*
R: *2001*
F: *Lukas Roth*

B 12

Die Zentralbibliothek für Weltwirtschaft ZBW - Leibniz-Informationszentrum Wirtschaft ist die weltweit größte ihrer Art für wirtschaftswissenschaftliche Literatur.
Die architektonischen Vorgaben für das neue Gebäude waren neben wirtschaftlichen und funktionalen Aspekten, das Besondere des städtebaulichen Umfeldes zu erfassen, die Lage zwischen der Kieler Förde und dem Grünrücken im Hintergrund. Der historische Altbestand, das ehem. Gästehaus der Fa. Krupp, sollte als Institutsgebäude gleichwertiger Teil der international tätigen Einrichtung bleiben.
Der Erweiterungsbau besteht aus einem rückwärtigen, geschlossenen Magazingebäude – durch ein Holzlamellenfensterband strukturiert und gleichzeitig das Innere mit minimalem Tageslicht versorgend, ohne dem Bücherbestand zu schaden – und einem vorgelagerten, transparenten Lese- und Studierbereich, dazwischen eine offene Erschließungszone. Das Gebäude nimmt die Traufhöhe des Altbestandes auf und öffnet sich zum Yachthafen. Das geschwungene, dem Straßenverlauf folgende gläserne Hauptgebäude betont die Nähe zum offenen Meer, verstärkt durch die an Schiffsgeländer erinnernde Konstruktion der vorgelagerten Fluchtbalkone und der gestuften, stählernen Fluchttreppe. Die maritime Atmosphäre, die Leichtigkeit der einladenden Architektur spiegelt das weltoffene Programm der Institution wider.

HOTEL KIELER YACHT CLUB

O: *Kiellinie 70*
A: *Nagel Architekten BDA*
L: *IPP Ing.-Ges. Possel und Partner*
B: *Thyssen-Krupp*
R: *2009*
F: *Bernd Perlbach*

Der Kieler Yacht-Club wurde 1887 gegründet, Kaiser Wilhelm II. verlieh dem Club den Titel „Kaiserlicher Yacht-Club", den dieser bis zur Selbstauflösung 1936 trug. Nach der Wiedergründung 1945 wurde das 1919 von Hans Beissel errichtete Clubhaus in vereinfachter Form wieder aufgebaut und durch das 2008 abgebrochene Bettenhaus ergänzt.

Das Gebäude befindet sich in einer städtebaulich besonderen Lage am Übergang von der städtisch geprägten Straße zur Promenade am Westufer der Förde. Von hier aus bietet sich eine großartige Sicht über die Förde zum Ostufer und zu den ehemaligen Marinebereichen, zum Sitz der Landesregierung und zur Innenstadt. Die Präsenz der Förde, die Nähe zur Marina, die vor dem Haus vorbeifahrenden Kreuzfahrtschiffe und Ostseefähren sowie der hohe Freizeitwert der Promenade, ebenso wie die Nachbarschaft zum Institut für Weltwirtschaft gaben die Bedingungen für die architektonische und inhaltliche Idee des Entwurfes für den Umbau des Gebäudes. Dabei wurde das ursprüngliche, aus historischer Villa, dem Bettenhaus und einem Restaurantvorbau von 1972 bestehende Ensemble auf den Zustand von 1925 zurückgebaut. Erhalten und neubaugleich wieder hergestellt wurde nur die Villa mit dem Restaurantvorbau. Die historische Substanz wurde aus ihrer Tradition mit Moderne, Komfort und Behaglichkeit gestalterisch thematisiert und zeitgemäß umgesetzt.

WOHNHAUS AN DER KIELLINIE

O: *Kiellinie 86*
A: *Nagel Architekten BDA*

B: *Privat*
R: *2003*
F: *Bernd Perlbach*

B 14

Während anderenorts in bester Wasserlage eindrucksvolle „Waterfronts" entstanden sind, ist die Entwicklung an der Kiellinie durch den städtebaulich unzureichend koordinierten Bau gebäudetypologisch und gestalterisch unterschiedlicher Wohnhäuser mit Maximalausnutzung der Grundstücke gekennzeichnet. In der Reihe der dabei entstandenen Gebäude fällt als eines der ersten in der Reihe das Haus Nr. 86 durch seine unprätentiöse Erscheinung auf. Dieses stammt ursprünglich aus den 1960er Jahren und wurde durch die Neustrukturierung der Grundrisse und Neuausrichtung des Baukörpers in eine Architektursprache umgewandelt, deren Klarheit an die „Klassische Moderne" erinnert. Das Erdgeschoss ist als massiver Sockel ausgebildet, der im Obergeschoss rückwärtig und auf der einen Seite hochgeführt wird. Der verglaste Raum im Obergeschoss wird damit durch den massiven Gebäudeteil „in den Arm genommen" und zur wasserabgewandten Seite geschützt. So wird die Ausrichtung und eindeutige Orientierung des gläsernen Kubus zur Förde mit Blick bis zum Leuchtturm über die Straße hinaus optimal geschaffen. Ein weiterer Vorteil besteht darin, dass die zum Wasser im Osten ausgerichtete Wohnhalle auch von Westen Sonnenlicht erhält. Oben auf dem Dach befindet sich – von außen nicht erkennbar – eine kleine Sternwarte des Bauherrn.

WOHNHÄUSER MOLTKESTRASSE

O: *Moltkestraße 50–66*
A: *Architektencontor Scheel Jelinek / BSP Architekten BDA / Zastrow und Zastrow, Architekten und Stadtplaner*
L: *BHF Bendfeldt Herrmann Franke Landschaftsarchitekten BDLA*
B: *Frank Heimbau Kiel GmbH*
W: *Städtebaul. Wettbewerb 2010*
R: *2014*
F: *Mehlhorn*

Die Hausgruppe ersetzt eine qualitätsvolle, kammartig angeordnete Reihenhausgruppe aus den 1950er Jahren, deren Modernisierung als unwirtschaftlich galt. Nicht ganz unproblematisch sind die hohe Dichte und Höhe der Gebäude innerhalb der ein- bis zweigeschossigen Nachbarbebauung. Nach einem städtebaulichen Wettbewerb wurden drei Architekturbüros beauftragt, um ein möglichst variantenreiches Wohnquartier zu schaffen. Entstanden sind sieben Stadtvillen mit drei Vollgeschossen und einem Staffelgeschoss auf einer gemeinsamen Tiefgarage. Die Gestaltung des Freiraums, die Materialwahl und die architektonische Gestaltung sorgen für den Zusammenhang des Ensembles. Die Individualität der Häuser lässt dagegen die „Handschrift" der beteiligten Büros erkennen und bewirkt eine interessante vielfältige Erscheinung.
Die Verwendung unterschiedlicher Putz- und Klinkermaterialen unterstützt die Vielfalt. Die in zweiter Reihe stehenden Gebäude sind mit einem dunklen Klinker verblendet. Dadurch rücken die Gebäude – von der Moltkestraße aus gesehen – optisch in den Hintergrund und geben dem Hof mehr Tiefe. Gemeinsam ist allen Häusern die Gestaltung mit bodentiefen Fenstern, die einen engen Bezug zum Außenraum ermöglichen. Ein gemeinschaftlicher Hof, der sich nach Süden zu einer Stufenterrasse öffnet, steht allen Bewohnern zur Verfügung.

WOHNQUARTIER MERCATORWIESE

O: *Feld-, Mercator-, Dankwerthstraße*
A: *Gruppe stad-t-raum (Dieter Richter und Zastrow und Zastrow: städtebaul. Konzept); Richter Architekten BDA / Architektencontor Schäfer Agather Scheel / Gunnar Seidel / Zastrow und Zastrow (Hochbau)*
L: *Andreä + Klingenberg*
B: *Frank Heimbau GmbH / KWG Kieler Wohnungsbaugesellschaft mbH*
W: *1996, 1. Preis - Gruppe stad-t-raum*
R: *1998–2002*
P: *Landespreis f. Zukunftsweisendes Bauen in S-H, 2002*
F: *Mehlhorn*

Das 2,5 ha große Gebiet wird von zwei stark befahrenen Straßen begrenzt, was Anlass gab, die Ränder straßenbegleitend mit fünfgeschossigen Gebäuden zu bebauen. Im Inneren des Quartiers bilden dreigeschossige Zeilen gut proportionierte Höfe, die auf einen das Gebiet durchziehenden Fußweg (Schulredder) sowie auf ein niedriges, zentral angeordnetes Gemeinschaftszentrum (Mercator-Treff: Treffpunkt der Bewohner und DRK-Stützpunkt) ausgerichtet sind. Durch die Mischung von Miet-, Eigentums- und Seniorenwohnungen ergibt sich eine soziale Mischung. Gebäudetypologisch bemerkenswert ist der Block an der Feldstraße mit einem Laubengang im 4. OG, der über nur einen Aufzug alle oberen Wohnungen erschließt. In dem Block an der Mercatorstraße haben die EG-Wohnungen jeweils einen eigenen Eingang, was diesen Eigenheimcharakter gibt. Die Gestaltung der Gebäude folgt einem einheitlichen Konzept mit hellem Putz und farblich unterschiedlich abgesetzten Staffelgeschossen. Die Gestaltung der Freiflächen ist sehr sorgfältig geplant: Alle Erdgeschosswohnungen verfügen über einen eigenen, von der Wohnung aus begehbarbaren und durch geschnittene Hecken begrenzten Garten mit Terrasse, von dem aus die halböffentlichen Freiflächen begehbar sind. Das ganze Quartier ist autofrei, die Pkws sind in Tiefgaragen untergebracht.

WOHNHÄUSER ANSCHARPARK

O: *Im Anscharpark 2 und 4*
A: *BSP Architekten BDA*
L: *BHF Bendfeldt Herrmann Franke Landschaftsarchitekten BDLA / Siller Landschaftsarchitekten BDLA*
B: *Baugemeinschaft Haus A und B GbR*
R: *2010*
P: *BDA-Preis Schleswig-Holstein 2011, Auszeichnung*
F: *Mehlhorn*

Die beiden Häuser waren die ersten Neubauten im Zuge der Konversion des unter Denkmalschutz stehenden ehemaligen Garnisonslazaretts zum Wohngebiet. Die Gebäude wurden mit Unterstützung der Fa. Conplan Betriebs- und Projektberatungsgesellschaft mbH, Lübeck, entwickelt, die sich auf die Betreuung von Baugemeinschaften spezialisiert hat. Architekten und Vertreter der Denkmalschutzbehörde waren sich einig, die neuen Bauten als homogene neue Zeitschicht kenntlich zu machen. Das Fassadenspiel aus Putz- und Backsteinflächen und die steilen Ziegeldächer sollten den älteren Gebäuden vorbehalten bleiben, während für die Neubauten ein dunkler Kohlebrand-Klinker und Flachdächer festgelegt wurden. Die Grundrisse sind um acht tragende Stützen und die Versorgungsschächte individuell nach den Bedürfnissen der Eigentümer entwickelt. Die Wohnungsgrößen variieren zwischen 45 und 105 m². Die reliefartige Steintextur ermöglicht es, die geschosshohen französischen Fenster zwischen zwei Steingesimsen relativ frei zu positionieren, um so auf die unterschiedlichen Grundrisse reagieren zu können.

Die Souterrains mit Gemeinschaftsräumen in beiden Häuser öffnen sich zu abgesenkten Hofbereichen. Das südliche der beiden Gebäude ist aus der Fassadenflucht der anderen Häuser herausgerückt, um eine alte Blutbuche zu erhalten, die zum Garten der kriegszerstörten Chefarztvilla gehörte.

ANSCHARPARK

B 18

O: *Heiligendammer Straße*
A: *ARGE BSP Architekten BDA mit Schnittger Architekten + Partner*
L: *Kessler.Krämer, Landschaftsarchitekten BDLA*
B: *ARGE Anscharpark (BGM, Wankendorfer, WOGE, GWU) und Baugemeinschaft Haus 7 GbR*
R: *2014–2019*
P: *BDA-Preis Schleswig-Holstein 2019, Auszeichnung; Polis-Award 2020, Urbanes Flächenrecycling, 2. Preis*
F: *Bernd Perlbach*

Nach Entlassung einiger Flächen und Gebäude der Bundeswehr aus der militärischen Nutzung war es möglich, einen Konversionsprozess in Gang zu setzen, der noch nicht abgeschlossen ist und der Wik ein neues Gesicht geben wird. Ein wesentlicher Baustein dafür ist das Gelände des ehem. Marine-Garnisonslazaretts, das wie die benachbarte Petruskirche (→**0.02**) unter Denkmalschutz steht. Das Projekt umfasst die Sanierung und den Umbau der städtebaulich wichtigsten historischen Gebäude. Einige der Krankenpavillons waren aber so verfallen, dass sie nicht mit vertretbarem Aufwand zu sanieren waren. An deren Stelle und in Anlehnung an die historische Struktur entstand ein Ensemble aus neun Wohngebäuden mit 155 Wohnungen und einer Tiefgarage. Dabei übernahmen BSP Arch. die Umplanung der Altbauten, den städtebaulichen Entwurf, das Grundkonzept der Freianlagen sowie die Planung der drei größten Neubauten an den Rändern des Ensembles, Schnittger Architekten die sechs Stadtvillen im Zentrum und die Tiefgarage.

Das ehemalige Absonderungshaus baute BSP für eine Baugemeinschaft in ein Wohn- und Bürohaus um, die ehemalige Leichenhalle mutierte zum Gemeinschaftshaus.

Die Planung wurde eng mit der Denkmalpflege abgestimmt. Trotz des engen Finanzbudgets mit einer Förderquote von 40% haben die Wohnungen einen hohen Wohnwert. Die Eingangsbereiche und die Treppenhäuser sind sorgfältig gestaltet, großzügig und hell.

GÄSTEHAUS DER WIRTSCHAFTSAKADEMIE

B 19

O: *Flintkampsredder 11*
A: *Kettner Dr. Werner Wolf Architekten BDA*
L: *Siller Landschafts-architekten BDLA*
B: *Wirtschaftsakademie Schleswig-Holstein*
R: *1997*
F: *Mehlhorn*

Der Gebäudekomplex in einer banalen Umgebung ist über einen ungestalteten Vorplatz – Parkplatz und Pausenhof zugleich – zugänglich. Er setzt sich aus zwei Volumen zusammen: In dem viergeschossigen, straff organisierten Riegel sind Studentenzimmer untergebracht, die sich von der stark befahrenen Prinz-Heinrich-Str. ab- und nach Norden einem Grünbereich zuwenden. Der niedrigere Seminarbereich ist kontrastierend dazu bogenförmig gespannt, was aus dem Erfordernis resultiert, unterschiedlich große Seminarräume zu schaffen. Beide Gebäudeteile unterscheiden sich auch in der Materialität: der höhere Bauteil helles Kalksandsteinmauerwerk mit dem materialtypischen Fugenspiel, der Seminarteil dunkle Zementfaserplatten mit markanten horizontalen Fugen. Beide Trakte werden durch eine verglaste, zweigeschossige Halle verbunden, die zum einen der inneren Erschließung, zum anderen auch als Pausenzone sowie für Ausstellungen und Sonderveranstaltungen dient. Der Wohnheimtrakt enthält pro Geschoss 17 bzw. 18 Zimmer, denen jeweils ein Aufenthaltsbereich mit Teeküche zugeordnet ist. Das äußere Erscheinungsbild wird – von der Prinz-Heinrich-Straße aus gesehen – von den horizontalen Reihen schmaler Fenster bestimmt: Dahinter befinden sich die Flure der Studentenzimmer.

24
21
23
20
19
22
13
09
10
08
06
04
07
03
05
0
500
1000m
N

C
NACH NORD-WESTEN BIS ZUR UNIVERSITÄT

INDUSTRIE- UND HANDELSKAMMER ZU KIEL

O: *Bergstraße 10*
A: *Kauffmann Theilig & Partner Architekten BDA*
B: *Industrie- und Handelskammer zu Kiel*

W: *2001, 1. Preis*
R: *2001–2004*
P: *Landespreis Zukunftsweisendes Bauen Schleswig-Holstein 2005*
F: *Mehlhorn*

Städtebaulich befindet sich das Gebäude an der Nahtstelle zweier durch Solitärbauten und städtische Blockrandbebauung geprägter Bereiche und an der Kante eines eiszeitlichen Moränenhangs, was die Entwicklung einer die unterschiedlichen Gegebenheiten berücksichtigenden Ausformung der Gebäudegeometrie erforderlich machte: geschlossene Fassaden gegenüber den angrenzenden Gebäuden bzw. verglaste Auskragung nach Süden zum Kleinen Kiel. Dorthin öffnet sich auch das Gebäude mit einer großzügigen Treppenanlage und einem einladenden Eingangsbereich. Die Hanglage machte es möglich, drei Geschosse für Tiefgarage, Archiv und Nebenräume unter dem Erdgeschoss anzuordnen.

Im Inneren bietet das Gebäude durch seinen fünfgeschossigen Luftraum eine tagesbelichtete Kommunikations- und Erschließungszone mit gläsernem Aufzug und eingehängten Spindeltreppen zur Kurzerschließung. Die Büros sind zum Luftraum mittels Glastrennwänden akustisch abgeschirmt. In jeder Etage gibt es separate Besprechungsräume.
Für das Gebäude wurde ein umfangreiches, ambitioniertes Energiekonzept entwickelt. Wesentliche Bestandteile sind die Nachtluftspülung aller Büros im Zusammenwirken mit der Thermik des Luftraums sowie die Bauteilkühlung des Foyers und der obersten Geschossdecke mittels wasserführender Leitungen. Die Kälteerzeugung wird über Erdabsorber der Bodenplatte gewährleistet.

FÖRDE SPARKASSE

O: *Lorentzendamm 28–30*
A: *BRT Bothe Richter Teherani Architekten BDA (Schalterhalle) / AX5 Architekten (Riegelbau)*
B: *Sparkasse Kiel / Förde Sparkasse AöR*
W: *2012 (Riegelbau), 1. Preis*
R: *1996 / 2014*
P: *Bauherrenpreis der LH Kiel, 1998 (Schalterhalle); BDA-Preis Schleswig-Holstein 1999, Auszeichnung (Schalterhalle)*
F: *Bernd Perlbach*

Das neubarocke Hauptgebäude am Kleinen Kiel (Architekten: Wilhelm Martens, 1909) erfuhr mehrfach Erweiterungen (Ernst Prinz, 1935) und wurde später durch ein Parkhaus und rückwärtig um einen Riegelbau mit Büros ergänzt. Der Grundriss des Altbaus ließ es nicht zu, eine den Erwartungen der Kunden an Offenheit und Transparenz entsprechende Schalterhalle zu schaffen, weshalb neben und hinter dem Hauptgebäude eine Schalterhalle platziert wurde. Auch diese genügte bald nicht mehr den zeitgemäßen Anforderungen. Daher wurde sie durch einen Baukörper ersetzt, der sich dem dominanten Altbau zwar unterordnet, durch eine sehr sensible, technoide Gestaltung jedoch eigenständiges Profil gewinnt. Durch das über die Halle auskragende Dach mit tonnenförmigen Betonschalen wird der Übergang von innen nach außen überspielt. Das Dach überspannt den großzügigen Servicebereich mit dem „gläsernen Tresor“ als räumlichen Schwer- und Orientierungspunkt innerhalb eines durchgängigen Raumkontinuums. Nach oben verfahrbare Glasscheiben erlauben eine Doppelnutzung: tagsüber als Kassenhalle, außerhalb der Öffnungszeiten bleibt der Zugang zu den Kassenautomaten für die Kunden zugänglich.
Der Riegelbau von 1976 auf dem rückwärtigen Grundstück wurde 2014 wegen wachsenden Platzbedarfs entkernt, neugestaltet und aufgestockt. Lochfassaden und Materialität sind eine Referenz an die Nachbarbebauung.

MUTHESIUS KUNSTHOCHSCHULE

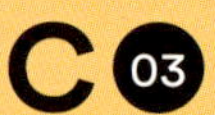

O: *Legienstraße 35*
A: *Schmieder. Dau. Architekten BDA*
L: *BHF Bendtfeld Herrmann Franke Landschafts-architekten BDLA*
B: *Land SH / GM.SH*
R: *2012*
P: *BDA-Preis Schleswig-Holstein 2015, Auszeichnung*
F: *Christoph Edelhoff*

Die einzige Kunsthochschule des Landes befindet sich in der ehem. Königlichen Schiffs- und Maschinenbauschule (Architekten: Georg Pauly 1903–1906), später Fachbereich Maschinenbau der FH Kiel. Eingriffe in die Bausubstanz konnten auf das bauordnungsrechtlich Notwendige reduziert werden, sodass die großzügige Raumstruktur erhalten werden konnte. Für Nutzungen, die aufgrund technischer Anforderungen, Nutzlasten oder Raumgrößen nicht in den Bestand zu integrieren waren, sind zwei Neubauten für die Verwaltung und die Werkstätten entstanden, die sich durch Form und Materialität von dem historistischen Bestand abheben und mit diesem ein spannungsvolles Ensemble aus Alt und Neu – Wilhelminismus und Moderne, Blockrand und Solitäre – ergeben. Hofseitig sichern zwei Außentreppen die Entfluchtung aus dem Altbau. In stählerne Treppenkonstruktionen sind Seecontainer („Parasiten") in der Art von Hochregalen eingeschoben, in denen Materialien o.ä. nutzungsnah gelagert werden können, ohne den wertvollen Raum im Altbau in Anspruch nehmen zu müssen. Städtebaulich werden zwei unterschiedliche Außenräume definiert: der über eine Freitreppe vom Knooper Weg erschlossene Innenhof mit dem ehem. Kesselhaus (heute: Mensa und Veranstaltungsraum) und der sich zu Stadt öffnende Vorplatz, der für Kunst-Präsentationen genutzt und durch einen geschwungenen Verwaltungsbau begrenzt wird.

MEHRFAMILIENHAUS AM LESSINGPLATZ

O: *Lessingplatz 10*
A: *Zastrow und Zastrow, Architekten und Stadtplaner*
B: *Olaf Rubin Bauprojekt GmbH & Co. KG*
R: *2010–2012*
F: *Mehlhorn*

Das Mehrfamilienhaus schließt eine seit Langem bestehende Baulücke, über die eine Zufahrt zum Blockinnenbereich möglich war. Die Lagegunst ergibt sich aus der Nähe des Schrevenparks, des unter Denkmalschutz stehenden ehemaligen Lessingbades, heute KITA, Restaurant und Sporthalle (Architekten: Rudolf Schroeder, 1936, Umbau durch LH Kiel, 2013–2015; Arch: Christiane Siebelts-Ruf und Stefan Saleh, 2013–2015), und der Muthesius-Hochschule.

Der Baukörper nimmt mit seinen Proportionen und der Gliederung Elemente der Nachbarhäuser aus der Gründerzeit und den 1950er Jahren auf und übersetzt diese in eine moderne Architektursprache. Dazu gehören der vorspringende Erker und das vertikale Balkonband, die in Spannung zur gleichförmigen und ruhigen Anordnung der Fenster stehen. Bei der Planung war die Zufahrt zum Innenhof zu erhalten. In dem Gebäude befinden sich zehn Eigentumswohnungen, die über einen Aufzug barrierefrei erreichbar sind. Alle Wohnungen verfügen über je einen Balkon zur Straße und zum Innenhof. Das Gebäude ist in Massivbauweise errichtet, die Verblendschale besteht aus einem graugelben Ziegel. Im Bereich der Zufahrt wird das Gebäude durch eine Stahlbeton-Konstruktion aus Trägern und Stützen getragen. Wegen der Nähe zum Lessingbad war eine intensive Abstimmung mit der Denkmalbehörde erforderlich.

LOFT Q AM SCHREVENPARK

O: *Schillerstraße 3*
A: *Nagel Architekten BDA*
B: *Privat*
R: *2009*
F: *Kröger und Dorfmüller*

Innerhalb der vorhandenen gründerzeitlichen Blockstruktur mit großbürgerlichen Mietshäusern direkt gegenüber dem Schrevenpark, d.h. in einer der besten Wohnlagen Kiels, befindet sich das im II. Weltkrieg bis auf das 1. Obergeschoss zerstörte Wohnhaus. Beim Wiederaufbau wurde auf die großen Geschosshöhen verzichtet, so dass sich bei Anpassung an die Höhe der Nachbarhäuser ein Geschoss mehr ergab. Auch folgte die architektonische Gestaltung den in den 1950er Jahren üblichen Vorstellungen der horizontalen Gliederung durch Fensterbänder.

Für das Loft wurde das gesamte Dach abgetragen und auf die oberste Geschossebene eine lastverteilende Stahlrost-Ebene verlegt. Dadurch war es möglich, dort eine 2-geschossige große Wohnhalle in der Art eines Großraumes mit einer schwebend anmutenden Galerie zu schaffen. Der einfache verglaste Baukörper des Lofts wird durch zwei flachere Seitenflügel an die Dächer der beiden benachbarten Häuser aus dem 19. Jahrhundert „angedockt“. Die zum Park hin vollkommen verglaste Fassade lässt einen uneingeschränkten Blick ins Grüne zu. Zur rückwärtigen, nach Westen orientierten Seite ist eine großzügige Dachterrasse angeordnet. Die Materialien wie Edelstahl, Glas, Metall und Holzparkett sind sehr reduktiv eingesetzt und ermöglichen ein Höchstmaß an Flexibilität bei Nutzung und Einrichtung.

FEUERWEHRLEITSTELLE WESTRING

O: *Westring 325*
A: *Schmieder. Dau. Architekten BDA*

B: *LH Kiel*
R: *2018*
F: *Christoph Edelhoff*

Der Neubau ergänzt die von Rudolph Schroeder in den 1950er Jahren geschaffene Gebäudegruppe. Wie ein letzter Baustein schließt er die Randbebauung um den Innenhof. Das Ensemble wird geprägt durch die einheitliche Materialität, sehr flach geneigte Walmdächer und die klare Geometrie der Baukörper. Der Schlauchturm bildet dabei die wesentliche Vertikale und steht in direkter Nachbarschaft zum Neubau. Die Verwendung roten Ziegels und die knappe Kubatur lassen den Neubau wie selbstverständlich zum spannungsreichen Architekturensemble gehörig erscheinen. Kern des dreigeschossigen Gebäudes mit einer Bruttogeschossfläche von 2.100 m² ist der zentrale Leitwartenraum, von dem aus alle Einsätze koordiniert werden. Mit Lagebesprechungs-, Büro- und Ruheräumen erfüllt das Gebäude alle Anforderungen, die die im 24/7-Schichtdienst Mitarbeitenden stellen, um ihren verantwortungsvollen Beruf auszufüllen. Die technische Ausrüstung ist vollständig redundant, d.h. alle ausfallenden Anlagen werden sofort durch eine Zweitanlage ersetzt. Durch die Ausbildung nichtragender Raumtrennwände wird eine hohe Flexibilität der Raumnutzung gewährleistet, was helfen wird, der zu erwartenden Nutzungsdynamik in Hinblick auf die Bevölkerungsentwicklung gerecht zu werden. Auf erhöhten Wärmeschutz wurde besonderer Wert gelegt, dieser liegt 30% höher als die gesetzlichen Anforderungen.

KINDERTAGESSTÄTTE UND FAMILIENHAUS

O: *Kronshagener Weg 130*
A: *bbp : architekten BDA*
L: *Mut zur Wildnis, Landschaftsgestalter*

B: *DRK Heinrich-Schwesternschaft e.V.*
R: *2010*
F: *Bernd Perlbach*

Das Gebäude steht in unmittelbarer Nachbarschaft zum Pflegeheim der DRK Heinrich Schwesternschaft und dient als Familienhaus der professionellen Betreuung chronisch kranker, behinderter und gesunder Kinder, Jugendlicher und deren Familien.
Der zweigeschossige Neubau ist modern und behindertengerecht gestaltet. Das Herzstück des Gebäudes bildet die Kindertagesstätte im Erdgeschoss, in der 60 Kinder – 30 Krippen- und 30 Elementargruppenplätze – ganztägig betreut werden. Eine große Bewegungsfläche, die zum Turnen, Spielen und für kleine Feste genutzt werden kann, bildet die Raummitte. Um diese sind die sich mit großzügiger Verglasung nach außen öffnenden Gruppenräume angeordnet. Das Obergeschoss bietet Raum für Beratungen, Schulungen, Veranstaltungen sowie Palliativversorgung und ist von der KITA völlig getrennt.
Im für Kinder zugänglichen Bereich ist die Fassade in hellgrünen Farbtönen gestaltet. Im Kontrast dazu sind die übrigen Bereiche mit einem dunklen Klinker verblendet. Der massive kubische Baukörper ist großzügig aufgeschnitten und geöffnet. Durch seine Form und die abtstrakte grüne Farbgebung steht er im Kontrast zum Garten und dem angrenzenden Wald. Als Ergänzung dazu entstand für die Kinder auf dem Grundstück ein 2.200 m² großer Natur- und Abenteuerspielplatz unter dem Motto „Mut zur Wildnis".

AUTOHÄUSER SAAB UND MASERATI

O: *Eckernförder Straße 167–169*
A: *Nagel Architekten BDA*
L: *Henning Klapper (SAAB)*
B: *Karl-Heinz Lafrentz*
R: *1993 und 2000*
P: *BDA-Preis Schleswig-Holstein 1994 (SAAB)*
F: *Bernd Perlbach*

Die beiden Autohäuser stehen an der Kreuzung zweier hochfrequentierter Verkehrsstraßen und wenden sich der Eckernförder Straße zu.
Das SAAB-Zentrum hat die denkbar einfachste Form einer großen, klar gegliederten Halle mit einem flachen Tonnendach. Die Halle öffnet sich mit einer streng gegliederten Stirnseite wie ein Antentempel zur Straße und lädt die Kunden ein. Die Seitenansichten sind dagegen durch den Wechsel gläserner und holzverschalter Felder spielerisch aufgelockert. Innen rhythmisieren unterspannte Leimholzbinder den langen Raum. Der Raum wird durch eine Galerie geteilt, wo in Glasboxen Büros untergebracht sind. Dahinter ist der Werkstattbereich angeordnet.

Das Autohaus von Maserati ist als „Showroom" konzipiert und bildet eine räumliche Ergänzung des SAAB-Autohauses. Das Bauwerk erstreckt sich entlang einer historischen Mauer auf der nachbarlichen Grenze. Seine Gestaltung sucht die Dynamik dieser Autoklasse auszudrücken. Der extrovertierte Showroom und die introvertierte Werkstatt mit den dazwischen liegenden Eingängen bilden unter einem durchgehenden Dach die kompositorische Vielschichtigkeit des linearen Baukörpers. Die unterschiedliche Architektur und Materialität der beiden Autohäuser betonen die Eigenständigkeit der beiden Automarken. Beide Gebäude sind zurzeit umgenutzt und so verunstaltet, dass ihre gestalterische Qualität nur noch zu ahnen ist.

WOHNQUARTIER GROSS KIELSTEIN

C 09

O: *Groß Kielstein 46–52*
A: *bbp : architekten BDA*
L: *Arbos Freiraumplanung Landschaftsarchitekten BDLA*

B: *BIG Anlagen GmbH*
R: *2011*
F: *Bernd Perlbach*

Das Wohnquartier ist auf dem Gelände einer aufgegebenen Großbäckerei entstanden und befindet sich in unmittelbarer Nachbarschaft zur Universität und dem 1994 gegründeten KITZ Kieler Innovations- und Technologiezentrum. Durch die Lage im Blockinnenbereich wird der Verkehrslärm vom Westring wirkungsvoll abgeschirmt. Der im Norden gelegene Quartiersplatz dient als zentraler Treffpunkt der Bewohner. Durch die Stellung der Gebäude entsteht eine differenzierte Folge von öffentlichen, halböffentlichen und privaten Räumen. Der ruhende Verkehr wird teilweise in einer Tiefgarage untergebracht, die Erschließungsstraße ist als Mischfläche ausgewiesen.

Die städtebauliche Struktur besteht aus vier Clustern, die mit Stadthäusern und Mehrfamilienhäusern bebaut sind. Neben bewährten Haustypen wurden auch einige Häuser entwickelt, die innovative Momente enthalten. So gibt es Stadthäuser mit integrierter Garage, hohen Wohnräumen und flexibler Raumaufteilung.
Verbindendes Merkmal der Häuser ist die Materialwahl: dunkle, braunrote Ziegel und gezielt abgesetzte Flächen mit Plattenverkleidung. Die Gestaltung ist einer kubischen Architektursprache verpflichtet, die durch zahlreiche horizontale und vertikale Versätze und Versprünge sehr lebendig wirkt.

GOETHESCHULE, ERWEITERUNG

O: *Hansastraße 25–27*
A: *bbp : architekten BDA*
L: *BHF Bendfeldt Herrmann Franke Landschafts-architekten BDLA*

B: *LH Kiel*
R: *2012*
F: *Bernd Perlbach*

Im Altbau der aus den 1950er Jahren stammenden und der unter Denkmalschutz stehenden Schule (**→0.07**) war es nicht mehr möglich, allen neuen Anforderungen gerecht zu werden. Zugleich war es notwendig, wegen der wachsenden Schülerzahl das Raumprogramm um sieben Klassen- und vier Fachräume zu erweitern. Der zweigeschossige Anbau reagiert auf den Bestand und dessen Formensprache mit einem einfachen Kubus. Dieser wendet sich mit seiner großen Glasfassade zum Altbau, der sich darin spiegelt. Eine großzügige Eingangshalle bildet einen Durchgang durch das Gebäude mit Sichtkontakt zum dahinterliegenden Campus. Die breiten Flure werden als Kommunikationsbereich für Schüler und Lehrer genutzt. Direkt an der Glasfassade beziehen sie das Leben auf dem Schulhof ein, Holzbänke laden zum Sitzen ein. Durch schmale Fensterschlitze kann man das Geschehen in den von Norden belichteten Klassenräumen mit bodentiefen Fenstern beobachten. An den Kopfenden des Gebäudes liegen die Fachräume mit den dazugehörigen Nebenräumen.

Die Goetheschule ist mit der Ricarda-Huch-Schule Teil des Schulzentrums West, das durch eine Mensa (Architekten: Ax5 architekten, 2010–2011) und eine Dreifeldsporthalle (Architekten: Steinwender Architekten BDA, 2014) ergänzt wurde, um den Ganztagsbetrieb zu ermöglichen. Zugleich erfolgte die Neuordnung der Freiflächen mit Sportplätzen und Grünflächen zur freien Verfügung.

FÜNFGIEBELHAUS

C 11

O: *Waitzstraße / Knooper Weg / Droysenstraße*
A: *Kaden + Lager (Konzeption) / Rimpf Architektur & Generalplanung BDA*
B: *NGEG Norddeutsche Grundstücksentwicklungsgesellschaft mbH*
R: *2020–2021*
V: *MOOD-studio*

Der Neubau entsteht auf einer nach dem II. Weltkrieg nicht wieder bebauten und seitdem als Parkplatz unter Wert genutzten Fläche. Anliegen der Stadt und des Bauträgers ist es, die Mischung von Menschen unterschiedlichen Alters und sozialer Herkunft zu ermöglichen. Diesem sucht der Entwurf durch das Angebot eines Wohnungsmix zu entsprechen, der jede Konstellation sozialen Zusammenlebens mit Single-Studenten, Familien, Wohngemeinschaften und durchmischten Altersgruppen sowie Menschen mit Behinderungen möglich macht. Diese Vielfalt der Wohnungsnutzung spiegelt sich in der Gestaltung mit unterschiedlich großen Balkonen und versetzten Fenstern wider. Die für den Wohnkomplex namensgebende Gestaltung setzt gegen die für den Stadtteil charakteristische Traufständigkeit mit fünf asymmetrisch angeordneten Giebeln ein Zeichen der Eigenständigkeit ebenso wie mit der Verwendung heller Ziegel in der ansonsten durch roten Ziegel geprägten Umgebung. Die klar gegliederte Fassade mit wenigen, scheinbar zufällig arrangierten Panorama-Kuben als Interpretation der traditionellen Vorbauten und Erker ist nur für die Gewerbenutzung im Erdgeschoss aufgebrochen. Ergänzt wird das Raumprogramm durch eine Elektro-Ladestation sowie Stellplätze für Fahrräder und Carsharing-Fahrzeuge. Die Bereitstellung von Leihfahrrädern und Lastenfahrrädern ist ein Beitrag zur autoreduzierten Stadt.

GEMEINDEHAUS ANSGARKIRCHE

O: *Holtenauer Straße 91*
A: *Zastrow und Zastrow, Architekten und Stadtplaner*
B: *Kirchengemeinde Heiligengeist*
W: *2008, 1. Preis*
R: *2009–2011*
P: *BDA-Preis Schleswig-Holstein 2011; Bauherrenpreis der LH Kiel 2012 (mit B.07)*
F: *Mehlhorn*

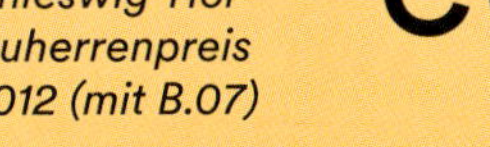

Nach Abbruch des älteren Gemeindehauses neben der neugotischen Ansgarkirche mit ihrem die Ecke Holtenauer-/Waitzstraße städtebaulich betonenden Turm (Architekten: Jürgen Kröger, 1901–1903) erfolgte der Bau parallel zum Langhaus der Kirche und zurückversetzt von der Holtenauer Straße. Dadurch konnte die Kirche freigestellt werden, um einen kleinen, sich dem städtischen Treiben öffnenden Vorplatz zu schaffen, zugleich aber auch Distanz zur Holtenauer Straße zu wahren. Das Gebäude schließt mit einer Glasfuge an das nördliche Nachbargebäude und durch einen verglasten Verbindungsgang an die Kirche an. Durch die Staffelung der Höhen ergibt sich nach Süden eine Dachterrasse für die KITA im Obergeschoss. Das Foyer verknüpft den Vorplatz mit dem Gemeindesaal, der Kirche und der Begegnungsstätte. Gemeindesaal und Begegnungsstätte öffnen sich zu einer Grünfläche im Süden. Die KITA ist nach Süden und Westen, der Jugendbereich auch zur Holtenauer Straße im Osten ausgerichtet. Das Äußere wird durch die Verwendung hellgrauer Ziegel bestimmt, der sich vom Rot der Kirche und der Nachbarbebauung abhebt.

Die nahezu identische Materialität und Gestaltung der beiden Gemeindehäuser in der Holtenauer Straße und am Niemannsweg (→**B.07**) ist ein Zeichen der Verbundenheit der ehemals selbständigen Gemeinden, die sich zur Kirchengemeinde Heiligengeist zusammengeschlossen haben.

MEHRFAMILIENHAUS, DACHAUFBAU

O: *Hansastraße 82*
A: *Jens Johannsen*
B: *Privat*
R: *2010–2011*
F: *Mehlhorn*

Die Hansastraße bildet den Rand der gründerzeitlichen Stadterweiterung nach Plänen von Joseph Stübben: auf der Ostseite mehrgeschossige, großstädtische Bebauung mit Miethäusern, auf der Westseite zweigeschossige Reihenhäuser nach dem „reformierten Plan" von Wilhelm (Willy) Hahn aus den 1920er Jahren. Das Haus Hansastraße 82 (1906–1907, Baugeschäft J. Kolscheen) bildet dadurch eine Art Eingang in die Stadt des 19. Jahrhunderts, der durch einen runden Erkerturm mit einer bereits 1928 beseitigten Zwiebelhaube akzentuiert ist und ein Gelenk von Hansastraße und der stark befahrenen, Stadtgebiet und Universität verbindenden Olshausenstraße bildet.
Absicht des Bauherrn war es, den Dachboden auszubauen und dort eine großzügige Wohnung zu schaffen. Das war jedoch ohne Anhebung des sog. „Kieler Daches" mit einer Firsthöhe von nur 2,35 m nicht möglich, weshalb das Dach um 1,40 m angehoben werden musste. Die unmittelbar auf dem Mauerwerk aufsitzenden Dachflächen wurden sowohl an der Straßenseite wie auch im Innenhof in die Vertikale gekippt, so dass der Eindruck eines gläsernen Dachaufsatzes entstanden ist. Die Vertikale des Erkerturmes wird wirkungsvoll durch einen Fahnenmast betont. Zum Umbau-Programm des Hauses gehört die Schaffung eines Aufzugs im Innenhof, der sowohl den Bewohnern des Dachgeschosses zugutekommt, als auch den Bewohnern der anderen Geschosse.

WOHNQUARTIER BRAUEREIVIERTEL

O: *Im Brauereiviertel*
A: *Architektencontor Schäfer Agather Scheel (Konzeption und Hochbau) / Brockstedt Discher Partner / Kleffel Köhnholdt / Gundermann (Hochbau)*
L: *Dieter Schoppe Landschaftsarchitekt BDLA*
B: *Frank Heimbau GmbH + BIG Anlagen GmbH*
W: *Architektencontor Schäfer Agather Scheel, 1. Preis 1995*
R: *1995–1998*
F: *Bernd Perlbach*

Der Name erinnert an eine dort bis 1994 bestehende Brauerei. Nach deren Aufgabe ist hier ein Wohnquartier in attraktiver Lage geschaffen worden. Der städtebauliche Entwurf leitet sich aus den Besonderheiten der gründerzeitlichen Blockstruktur ab. Die hohe Randbebauung bildet einen schützenden Rahmen für die neue Bebauung, die als aufgelockerte, lebendige Struktur darin eingebettet ist. Die Baukörper im nördlichen Teil sind als offene, kammartig angeordnete Zeilen mit differenzierten Raumfolgen ausgebildet, die zugleich einen Blick auf die Rückseiten der älteren Wohngebäude zulassen. Durch Richtungswechsel entstehen individuelle, nachbarschaftlich nutzbare Freiräume, deren Breite aus der Geschossigkeit abgeleitet ist. Den Zeilen steht ein die sanft geschwungene Erschließungsstraße begleitender Riegel gegenüber. Durch die transparenten, in die Fassaden geschnittenen Treppenhäuser wird dieser rhythmisiert und erhält die nötige Luftigkeit (Architekten: Architektencontor).

In dem Wohnquartier mit 316 Wohneinheiten sind unterschiedliche Wohnformen für Senioren, Studierende und Familien integriert, um die soziale Mischung zu fördern. Die Verbindung mit der Umgebung erfolgt über den Bernhard-Minetti-Platz, wo es eine Reihe von Läden und Gaststätten sowie einen großen Kinderspielplatz, gibt der auch von den Kindern der Umgebung genutzt werden kann.

WOHNPARK AM BLÜCHER

O: *Gefionstraße 3–9, Gerhardstraße 102–106*
A: *AX5 architekten*
L: *AX5 architekten*
B: *WOGE Wohnungsbaugenossenschaft Kiel eG*
R: *2014*
F: *Mehlhorn*

Die um 1950 in Zeilenbauweise errichteten Wohnbauten entsprachen in Größe und Ausstattung nicht mehr den heutigen Anforderungen. Eine Sanierung erwies sich nach umfangreicher Analyse als unwirtschaftlich. Nach einem längeren Diskussionsprozess entschloss sich die Genossenschaft schließlich zu Abbruch und Neubau.
Städtebaulich orientiert sich der Wohnpark an dem gründerzeitlichen Blockschema mit straßenbegleitenden, mehrgeschossigen Gebäuden, wie es für die unmittelbare Umgebung charakteristisch ist. Neu sind die Zugänge zwischen den Gebäuden und damit der Zutritt zu dem durch mehrere Grüninseln gestalteten Hof, unter dem sich die Tiefgarage mit 91 Stellplätzen befindet (Zufahrt über Gerhardstraße). Der „halböffentliche" Hof ist zugleich Sinnbild der Gemeinschaft der genossenschaftlichen Wohnanlage. Seine Einrichtungen stehen allen Bewohnern zur Verfügung, ebenso wie zwei Dachgärten auf den niedrigeren Gebäudeflügeln an der Gerhard- bzw. Gefionstraße.
Insgesamt entstanden in zwei Bauabschnitten 86 Wohneinheiten mit Wohnflächen zwischen 50 und 105 m² mit hohem energetischen Standard (KfW-Effizienzhäuser 55 bzw. 70): Neben einem Gästeappartement gibt es Lofts und Maisonette-Wohnungen. Fünf Wohnungen sind rollstuhlgerecht. Alle Wohnungen haben einen barrierefreien Zugang zu einem Balkon, einer Terrasse oder einem kleinen Garten.

WOHNHAUSGRUPPE GNEISENAUSTRASSE

O: *Gneisenaustraße / Gerhardstraße*
A: *Architektencontor Schäfer Agather Scheel*
B: *BIG Anlagen GmbH*
R: *2007*
F: *Arne Biederbeck*

Das spitzwinkelige Eckgrundstück liegt innerhalb der gründerzeitlichen Blockrandbebauung zwischen Holtenauer Straße und Blücherplatz. Nach Zerstörung der bis zum II. Weltkrieg vorhandenen Wohnhäuser wurde die freigeräumte Fläche mit einer zweigeschossigen Parkgarage und einer Tankstelle bebaut, deren Betrieb bis 2002 bestand. Danach konnte die wertvolle Fläche in bevorzugter Wohnlage wieder ihrer ursprünglichen Nutzung zurückgeführt werden.
Die Neubebauung besteht aus zwei Baukörpern, da sonst die optimale Belichtung der Wohnungen wegen des spitz zusammenlaufenden Grundstücks sehr schwierig gewesen wäre. Diese Teilung in zwei Baukörper eröffnete zugleich die Chance, ein grünes „städtebauliches" Fenster in die Straßenflucht der Gneisenaustraße zu integrieren: Zum einen, um die Gebäudeflucht aufzulockern und Ein- und Ausblicke zu schaffen, zum anderen, um die natürliche Belichtung der Wohnungen aus Süd-Westen zu ermöglichen und den Innenhof in Szene zu setzen.
Die Wohnhausgruppe besteht aus 29 Eigentumswohnungen an der Ecke Gerhardstraße und Seniorenwohnungen mit einer Betreuungseinheit und einer Zahnarztpraxis an der Gneisenaustraße. Was der Hof für die Belichtung des Gebäudeteils an der Gerhardstraße ist, schaffen die verglasten Erker an der Gneisenaustraße: Sie öffnen sich nach Südwesten und geben den Blick zur Holtenauer Straße frei.

BLOCKINNENBEBAUUNG NETTELBECKSTRASSE

O: *Nettelbeckstraße 5 a–f*
A: *BSP Architekten BDA*
L: *TGP Trüper Gondesen Partner Landschaftsarchitekten BDLA*
B: *IMVEST GmbH*
W: *Konkurrierendes Gutachterverfahren, 2014*
R: *2018*
F: *Jan O. Schulz*

Der Baublock ist Teil der von Joseph Stübben geplanten gründerzeitlichen Stadterweiterung und war zuletzt mit Garagen bebaut und vollständig versiegelt. Nachdem sich gegen einen ersten Bebauungsvorschlag Widerspruch der Anlieger artikulierte, wurde ein konkurrierendes Gutachterverfahren durchgeführt, das BSP mit einem Block-im-Block-Konzept gewannen. Bei diesem bilden drei Gebäude in der Mitte des Blocks einen öffentlichen Innenhof, über den eine fußläufige Verbindung von der Nettelbeck- zur Hardenbergstraße verläuft.

Von diesem Hof werden die Treppenhäuser aller neuen Gebäude erschlossen, während die Gärten jeweils an die Höfe und Gärten der Bestandsgebäude grenzen. Dadurch bleiben die privaten Zonen sowohl der Alt- als auch der Neubauten geschützt. Eine Tiefgarage unter dem gesamten Innenhof ist so dimensioniert, dass auch einige Stellplätze von den Bewohnern der Nachbarschaft gemietet werden können.

Die zwischen 55 und 155 m² großen Wohnungen haben großzügig bemessene Loggien über die gesamte Fassade und sind ab der Tiefgarage barrierefrei über Aufzüge erschlossen. Den Erdgeschosswohnungen sind kleine Gärten zugeordnet, die obersten Wohnungen haben Dachgärten.

Der Innenhof ist als steinerner Platz mit „Pflanzinseln" und Obstbäumen gestaltet. Schmale Vorgärten sichern den Respektabstand zwischen öffentlichem Platz und den Wohnungen im Erdgeschoss.

MEHRFAMILIENHAUS, AUFSTOCKUNG

O: *Esmarchstraße 76–88*
A: *BSP Architekten BDA*
B: *Vonovia AG*
R: *2020*
F: *Mehlhorn*

Die Esmarchstraße hatte im Plan von Joseph Stübben eine besondere Bedeutung, zielte sie doch auf den Ravensberger Wasserturm (→**C.19**) bzw. die Sternwarte auf dem Linsberg. Ihre Breite von 35 m mit Mittelstreifen gab Anlass, hier besonders aufwendige Miethäuser zu errichten. Der westliche Teil wurde im II. Weltkrieg allerdings restlos zerstört und in den 1950er Jahren beidseitig mit schlichten, wenig gegliederten Wohnhauszeilen geringerer Traufhöhe bebaut. Die Nähe des unter Denkmalschutz stehenden Wasserturms (→**C.19**) machte eine enge Abstimmung des Projekts mit der Stadt notwendig.
Angesichts der hohen Brandwand des gründerzeitlichen Nachbarhauses an der Holtenauer Straße entwickelten die Architekten die Idee, das Dachgeschoss der über 100 m langen Hauszeile durch insgesamt 14 Maisonetten in Holz-Hybrid-Bauweise zu ersetzen. Mit der so erzielten größeren Gebäudehöhe ergab sich eine bessere städtebauliche Einfügung, zugleich auch ein harmonischerer Anschluss an den Altbau. Die neuen Dreizimmerwohnungen mit jeweils 93 m² Wohnfläche sind großzügig und offen angelegt und besitzen auf der unteren Ebene eine vor fremden Blicken geschützte Dachterrasse. Die darunterliegenden Wohnungen wurden im Inneren weitgehend unverändert belassen, erhielten allerdings Balkone zur Straße. Die Eingänge wurden überarbeitet und gestalterisch aufgewertet.

WASSERTURM AUF DEM RAVENSBERG

O: *Niebuhrstraße 5*
A: *Schnittger Architekten + Partner*
B: *BPB Bauträger-, Projektentwicklungs- und Bauerschließungsgesellschaft mhH*
R: *2016*
F: *Mehlhorn*

Der 1898 errichtete Wasserturm (Architekten: Rudolf Schmidt) ist der „point de vue" sowohl der Esmarchstraße als auch der Hansastraße und ist als Dominante im Stadtbild außerordentlich fernwirksam. Obwohl auf dem höchsten Punkt der Umgebung errichtet, war es funktional erforderlich, den Turm auf einen künstlichen Erdsockel zu stellen, was die optische Wirkung erheblich vergrößerte. Nach jahrelangem Leerstand und Zwischennutzungen erfolgte der Umbau für Wohnzwecke für 34 Wohnungen in der Größe von 73 bis 180 m². Dabei konnte die denkmalgeschützte Bausubstanz mit Ausnahme der technischen Anlage im Inneren weitgehend erhalten und saniert werden. Das Kegeldach mit Laterne wurde geringfügig angehoben ohne den Gesamteindruck zu beeinträchtigen. Für die Wohnungen entstand dadurch eine umlaufende Terrasse mit weitem Blick auf die Stadt bis zur Förde. Die kreisförmige Anordnung der Wohnungen hat allerdings den Nachteil, dass einige Wohnungen nur wenig Sonnenlicht erhalten.

Die stärkste Veränderung erfuhr der Erdsockel, der zurückgebaut und durch altengerechte Wohnungen baukörperlich wieder hergestellt wurde. Darunter befinden sich eine kreisförmige Tiefgarage mit 70 Stellplätzen und Abstellräume. Im Inneren erschließt ein vollverglaster runder Aufzug mit umlaufender Wendeltreppe alle Wohnungen vom Eingangsgeschoss bis in die Dachkuppel.

REGIONALES BILDUNGSZENTRUM WIRTSCHAFT

O: *Westring 444*
A: *Dohle + Lohse Architekten BDA*
L: *Siller Landschaftsarchitekten BDLA*
B: *LH Kiel / ÖPP-Partner: Goldbeck Partner GmbH*
R: *2012–2013*
F: *Mehlhorn*

Das RBZ vereinigt unter einem Dach mehrere berufsbildende Schulen mit einem breiten Lehrangebot. Der Neubau ergänzt den neubarocken, sich zur Rankestraße öffnenden Dreiflügelbau mit einer in der Mitte angeordneten Turnhalle, deren fensterlose Rückseite gestalterisch nicht befriedigen kann (Architekten: J. Pregyn, 1907). Der großzügig bemessene Vorbereich mit einer breiten Freitreppe lässt dadurch keine baulich-räumliche und gestalterische Verbindung zum Altbau entstehen.

Hinter dem eingezogenen Eingangsbereich des um einen zentralen Innenhof entwickelten Baukörpers öffnet sich eine große Halle mit großzügiger Treppe und Mensa für 400 Personen. Das Innere ist in Cluster von jeweils sechs Klassenräumen („Lerninseln") aufgeteilt, zu denen Nebenräume und sowie Lehrer- und Schularbeitsplätze gehören. Das gewährleistet die Übersichtlichkeit innerhalb der von 1.600 Schülerinnen und Schüler besuchten Schule. Durch Glaswände ist ein hohes Maß an Transparenz und Helligkeit gegeben, die unterschiedliche Gestaltung und Farbigkeit der Klassenräume erleichtert auch die Orientierung und Identifizierung der Schüler mit ihrem Lernort. Mit den gelb-weißen Ziegeln korrespondiert das Gebäude mit dem beige verputzten Altbau. Die großzügigen Fensterbänder und breiten Glasausschnitte modifizieren die Fassaden und bieten den Lehrräumen viel natürliches Licht.

WISSENSCHAFTSZENTRUM

O: *Fraunhoferstraße 13*
A: *Architektencontor Schäfer Agather Scheel*
L: *BHF Bendfeldt Herrmann Franke Landschaftsarchitekten BDLA*
B: *Wissenschaftszentrum Kiel GmbH*
W: *2004, 1. Preis*
R: *2008*
F: *Bernd Perlbach*

Der Wissenschaftspark ist auf dem Gelände eines aufgegebenen Industriebetriebes angelegt, um innovativen Firmen Entfaltungsmöglichkeiten in Verbindung mit der Universität zu schaffen. Bisher sind hier 100 Unternehmen mit 1.700 Beschäftigten angesiedelt, mehrere davon, denen man die Beziehung zur CAU nicht ansieht. Baulicher und ideeller Mittelpunkt des Parks ist durch seine einprägsame Form das Wissenschaftszentrum mit Konferenzräumen, einem teilbaren Veranstaltungssaal für bis zu 200 Personen sowie Büros und Cafeteria. Der Baukörper bildet den Abschluss eines kleinen, teilweise baumbestandenen Platzes und führt durch seine expressive Auskragung mit kraftvollen, leicht geneigten Betonstützen den Außenraum in das Gebäude hinein. Die Großzügigkeit des Zugangs setzt sich im Inneren über das Foyer und die Galerien in den unteren Geschossen fort. Die Form des Baukörpers ist ganz aus den Funktionen, der Anordnung und dem Zuschnitt der Räume und Ebenen abgeleitet: im Erdgeschoss und im ersten Obergeschoss ein offener repräsentativer Teil, darüber introvertierte Labor- und Büroräume.
Am Eingang des Wissenschaftsparks steht das Neufeldthaus, ein umgebauter Industriebau von 1913. Die beidseitigen Risalite werden durch Pyramidaldächer bekrönt, die an früher dort befindliche Dachaufbauten erinnern (Architekten: Hertzsch Kersig Wardeiner, 2000).

CAU CHRISTIAN-ALBRECHTS-UNIVERSITÄT, CAMPUS A UND B

O: *Olshausenstraße 40*
A: *Mehrere Architekten*
B: *Land SH / GM.SH*

W: *2018*
R: *Laufend*
F: *Mehlhorn*

Der Campus am Westring ist nach dem II. Weltkrieg ohne übergreifendes städtebauliches und architektonisches Konzept entstanden, das dazu hätte beigetragen können, der Universität ein unverwechselbares Gesicht zu geben. Die Architektur einzelner Gebäude ist dagegen von hoher Qualität, weshalb der Kern des Campus mit Hochhaus, Audimax, Ladenzeile und Kirche sowie Studentenhaus seit 2008 unter Denkmalschutz steht. (→**0.08**). Dem „disparaten Nebeneinander von Solitärbauten" (Claas Gefroi) stellt sich die „Hauptpforte" als strenger, im Grundriss quadratischer Kubus entgegen. Ihre Glasfassade ist mit dem Siegel der CAU bedruckt (Arch.: Klingsporn Architekten BDA, 2006, Abb. oben, F: Mehlhorn).

Mehrere Gebäude müssen demnächst aus sicherheitsrelevanten Gründen abgerissen und ersetzt werden (Angerbauten). Für die Neugestaltung des Campus und dessen Freiraum besteht ein städtebaulicher Rahmenplan (Ferdinand Heide, 2018). In Planung und in Bau ist eine Reihe neuer, gestalterisch sehr unterschiedlicher Gebäude:
Hensen-Höber-Haus, Institut für Physiologie: Max-Eyth-Straße 7–9, Doranth Post Architekten BDA, bis 2022
Geografisches Institut: bbp : architekten BDA, bis 2021
Mathematisches Institut: Heinrich-Hecht-Platz, bbp : architekten BDA (in Bau)
Parkhaus: Schmieder. Dau. Architekten. BDA (in Planung)
Institut für Geowissenschaften (→**C.22.1**)

INSTITUT FÜR GEOWISSENSCHAFTEN

O: *Christian-Abrechts-Platz*
A: *Nickl & Partner Architekten BDA*
B: *Land SH / GM.SH*
R: *2019–2023*
V: *Nickl & Partner Architekten*

Ziel war es, einen Ort der Kommunikation und des Wissenstransfers zu schaffen. Gestalterisch bestimmend ist daher das tageslichtdurchflutete, über alle Ebenen reichende Atrium, das dem Gebäude mit 7.100 m² einen offenen und kreativen Charakter verleiht. Die klare Grundrissorganisation, die übersichtliche Verteilung der Funktionen und das orthogonale Konstruktionsraster geben die Gewähr, dass ein Haus entsteht, das allen gestalterischen wie funktionalen Ansprüchen gerecht wird.
In einem zweigeschossigen Gebäudesockel sind Werkstätten und Labore sowie Lagerräume für Chemikalien und die Gesteinssammlung untergebracht. Das an den Eingangsbereich im Erdgeschoss anschließende Foyer führt über eine breite Treppe ins erste OG und ist Verteiler und zugleich Kommunikations-, Präsentations- und Aufenthaltsbereich. Im ersten OG befinden sich die Seminar- und Praktikumsräume sowie das Prüfungsamt und studentische Arbeitsplätze. Die Labor- und Büroflächen der zwölf Arbeitsgruppen bzw. der Institutsverwaltung erstrecken sich über die weiteren Geschosse. Die Reinräume sind aufgrund der erhöhten baulichen Anforderungen im sechsten Obergeschoss zusammengefasst. Zu dem ganzheitlichen und nachhaltigen Energie- und Betriebskonzept des Gebäudes tragen unter anderem die Photovoltaik-Anlage auf dem Dach des Technikgeschosses und die Integration von Lüftungsboxen im Fassadenaufbau bei.

INSTITUT FÜR ANATOMIE UND BIOCHEMIE

O: *Rudolf-Höber-Straße 1*
A: *bbp : architekten BDA*
B: *Land SH / GM.SH*
R: *2010*
F: *Bernd Perlbach*

Der Altbau gehört zu den in den 1930er und 1940er Jahren errichteten Betriebsgebäuden der ELAC-Werke, die nach dem II. Weltkrieg für Zwecke der Universität umgebaut und später mehrfach verändert worden sind. Dazu gehörte, die Hörsäle den zweigeschossigen Gebäuden aufzusetzen, weil die unteren Geschosse wegen einer tragenden Stützenreihe in der Mitte dafür nicht geeignet waren. Eine neuere Bewertung der Gebäude machte vor allem sicherheitsrelevante Mängel sichtbar. Auch machten die veränderten Anforderungen an moderne Lehr- und Forschungseinrichtungen einen Umbau erforderlich. Besonderes Augenmerk galt dabei der umfassenden Sanierung und Erneuerung des Hörsaals, aber auch der barrierefreien Zugänglichkeit. Weitere Schwerpunkte waren die Verbesserung des baulichen Brandschutzes, der Austausch schadstoffbelasteter Baustoffe sowie der Einbau neuer Labore (teilweise biologische Sicherheitsstufe 2).

Der Erweiterungsbau wurde mit einer anspruchsvollen, innovativen Plattenfassade versehen. Die hinterlüftete Konstruktion bezieht sich in ihrer Farbigkeit auf den bestehenden Ziegelbau. Durch Fräsungen in den Platten wurden ornamentale Motive eines anatomischen Stichs auf die Fassade übertragen. Die Inschrift „mortui vivos docent" (= Die Toten lehren die Lebenden) am Eingang verweist auf die Nutzung im Inneren.

STUDENTENDORF

C 23

O: *Olshausenstraße 64–68a*
A: *Kettner, Dr. Werner, Wolf und Wolter Architekten BDA*
L: *Siller Landschafts-architekten BDLA*
B: *Studentenwerk Schleswig-Holstein*
R: *1991–1992*
F: *Mehlhorn*

Die aus drei hintereinander angeordneten Höfen bestehende Anlage steht im Winkel zweier stark befahrener Straßen und schirmt die Wohnungen gegen den Verkehrslärm ab. Die Wohnbereiche öffnen sich zu begrünten Wohnhöfen, straßenseitig sind Nebenräume und Eingänge angeordnet. Vorgestellte Laubengänge aus Holz mildern die nach außen abschließende Wirkung. Das Studentendorf bietet 243 Personen in 2er- bis 4er-Wohngemeinschaften Platz. Die Wohnfläche pro Person beträgt 20 m², die einzelnen Zimmer haben jeweils 11 m². Die Erdgeschosswohnungen sind direkt über Fußwege zugänglich, die Wohnungen in den dreigeschossigen Gebäuden sind als Maisonetten ausgebildet und über Laubengänge aus Holz zugänglich. Kleine quadratische Häuschen – Fahrradpavillons – verstärken den intimen und kommunikationsfördernden Charakter der gärtnerisch gestalteten Innenhöfe. Die Gesamtanlage erinnert ebenso wie die Verwendung von gelbem Ziegel und Holzverschalung sowie die Treppenhäuser an gleichzeitig entstandene Wohnhöfe in Dänemark.

An der Olshausenstraße entstand 1994–1995 ein zum Dorf gehörender Kindergarten in gleicher Formensprache nach Entwurf derselben Architekten. Auf der gegenüberliegenden Seite der Straße ist 2002 das Internationale Studentenwohnheim entstanden, dessen Linearität als Gegenbeispiel für das Studentendorf gelten kann (Dr. Werner + Wolf Architekten BDA, 2002).

CAMPUS C UND D, LEIBNIZSTRASSE / BREMERSKAMP

O: *Olshausenstraße / Leibnizstraße*
A: *Schmieder. Dau. Architekten BDA (Rahmenplan)*
B: *Land SH / GM.SH*
W: *Internat. Workshop 2018, 1. Preis*
R: *Laufend*
V: *Schmieder. Dau. Architekten BDA*

In den 1970er Jahren dehnte sich die Universität nach Westen aus. Die Erschließung erfolgt über die aus heutiger Sicht überdimensionierte, unbefriedigend gestaltete Olshausenstraße. Der Verlauf der Bundesstraße B 76 hat zudem bisher verhindert, dass der Zusammenhang beider Campus funktional oder visuell entstehen konnte. Bemerkenswerte Gebäude sind das Sportforum (→**0.11**), die Fakultätenblöcke (Landesbauverwaltung, 1972), Mensa II (Architekten: Bolz und Detlefsen, 1975–1978) und die Universitätsbibliothek. Neueren Datums sind das Graduiertenzentrum (Architekten: Schnittger Architekten, 2011), das Zentrum für Molekulare Biowissenschaften und das Juridicum.
Die weitere Entwicklung wird sich entlang der Olshausenstraße vollziehen, für die ein Rahmenplan erstellt wurde. Mittelpunkt und Pendant zum Christian-Albrechts-Platz bildet ein die Olshausenstraße überspannender Platz mit der als Solitär ausgebildeten Mensa als Entree zum Campus. Die Institutsgebäude, ein Parkhaus und Betriebsgebäude an der Olshausenstraße nehmen durch ihre Orthogonalität den Duktus der Fakultätenblöcke auf. Das Gegenstück zu dieser urbanen Landschaft ist die grüne Mitte um die Bibliothek – eine naturnah gestaltete Fläche als Ruhezone mit Biotopen und Sitzgelegenheiten. Abseits angeordnet ist das Max-Rubner-Institut (Mikro-Biologie und Biotechnologie) als Solitär mit eigener Erschließung.

JURIDICUM

O: *Leibnizstraße 4*
A: *AGN Niederberghaus & Partner Architekten BDA*
L: *Siller Landschafts-architekten BDLA*

B: *Land SH / GM.SH*
R: *2017–2021*
F: *Mehlhorn*

Das Gebäude der Rechtswissenschaftlichen Fakultät mit 7.200 m² Nutzfläche setzt einen wirksamen Akzent am Eingang zum Campus C + D. Der Baukörper nimmt den Duktus der sich nach Norden anschließenden, kammartig angeordneten Fakultätenblöcke auf. Der Baukörper besteht aus einem Sockelgeschoss mit einem großen verglasten Foyer, Bibliothek sowie Service- und Seminarräumen. Darüber befinden sich die Verwaltung, Institutsräume und über drei Ebenen jeweils eine Fachbibliothek, in allen Ebenen Freihandbüchereien und Arbeitsplätze. Die großflächige Verglasung, die zusätzliche Belichtung über Oberlichter und die Gestaltung der Innenwände geben dem Foyer, der großen Freitreppe und den Erschließungszonen nicht nur hohes Maß an Transparenz, sondern bieten auch Raum für Aufenthalt und Kommunikation. Eine zur Straße und dem Sportforum ausgerichtete Cafeteria wird zusammen mit einem Buchladen den visuellen und funktionellen Kontakt zur Öffentlichkeit vermitteln.

Es ist geplant, die sich nach Nordosten entlang der Leibnizstraße anschließenden Fakultätenblöcke in Zukunft als Geisteswissenschaftliches Zentrum bis 2028 völlig zu überarbeiten und entsprechend den veränderten Bedürfnissen umzustrukturieren und mit dem Juridicum baulich zu verbinden (Architekten: AGN).

GRADUIERTEN-ZENTRUM

O: *Leibnizstraße 3*
A: *Schnittger Architekten + Partner*
L: *Siller Landschafts-architekten BDLA*
B: *Land SH / GM.SH*
R: *2011*
F: *Bernd Perlbach*

Das zweiteilige Graduiertenzentrum ist auf einem spitz zulaufenden Restgrundstück errichtet und orientiert sich gestalterisch an den Bauten der unmittelbaren Umgebung. Der Eingang zu beiden Trakten erfolgt über einen gemeinsamen Innen- und Eingangshof. Der Klaus-Murmann-Hörsaal im Gebäude 2 fasst 350 Personen und wird in der Fassade an der Leibnizstraße besonders hervorgehoben. Das dreigeschossige Institutsgebäude war zunächst zur Aufnahme von Instituten mit Büro- und Besprechungsräumen sowie Räumen für Professoren geplant. Da sich der Raumbedarf der CAU während der Rohbauphase geändert hat, mussten die Grundrisse und die Stellung der Trennwände bereits während der Realisierung umgeplant werden. Dabei hat sich die von den Architekten konzipierte Flexibilität des Ausbausystems bewährt.

ZENTRALE UNIVERSITÄTSBÜCHEREI

O: *Leibnizstraße 9*
A: *Dr. Werner und Wolf Architekten BDA*
B: *Land SH / GM.SH*
W: *1989, 1. Preis*
R: *1999–2001*
F: *Mehlhorn*

Der vielfach gestaffelte Bau nimmt Beziehungen zur Straße und den Nachbargebäuden auf. Hinter einem bedrückend niedrigen Eingang und einer düsteren Halle entwickelt sich fächerartig der aus drei Segmenten gebildete Grundriss. Die zweigeschossigen Segmente mit 760 großzügig dimensionierten und übersichtlichen Arbeits- und Leseplätzen sowie Freihandbereichen werden getrennt durch massive Kerne mit Technik- und Nebenräumen. Diese treten bugartig vor die abgeschrägten Glasflächen und geben dem Bau seine einprägsame Plastizität. Die Massigkeit steht in bemerkenswertem Kontrast zu den schrägen Glasfassaden mit Sonnenschutzelementen und dem darüber weit auskragenden Dach. Eine sehr angenehme Arbeitsatmosphäre entsteht im Inneren durch den honigfarbenen Bodenbelag und das fest eingebaute, die Geometrie des Grundrisses aufnehmende Mobiliar aus Naturholz – im Gegensatz zur durch Beton und unter der Decke geführten und von unten sichtbaren Installationen geprägten Architektur. Kleine Innenhöfe gewähren einen Bezug nach außen. Im Untergeschoss befindet sich ein Freihandmagazin, so dass nahezu alle Bücher der Bibliothek von den Nutzern direkt entnommen werden können.
Über dem Eingang verweist eine Installation der Flensburger Künstlerin Elisabeth Arlt mit einem Zitat von André Gide auf den Sinn des Lesens als Erleuchtung des Geistes: „Manche leuchten, wenn man sie liest“.

ZENTRUM FÜR MOLEKULARE BIOWISSENSCHAFTEN

O: *Leibnizstraße / Am Botanischen Garten 11*
A: *Henn Architekten*
L: *Siller Landschaftsarchitekten BDLA*
B: *Land SH / GM.SH*
R: *2006–2012*
F: *Mehlhorn*

Das Zentrum für Molekulare Biowissenschaften am Ende der Leibnizstraße vereint mehrere Institute in einem Gebäude zugleich. Die biologistische Formensprache rückt selbstbewusst von den orthogonalen Baukörpern der unmittelbaren Umgebung ab und macht durch seine im Grundriss amöbenartige Form auf den Inhalt aufmerksam. Raumhohe Fensterelemente sorgen für natürliches Licht bis in die Tiefe der einzelnen Geschosse und alternieren in der Fassade mit perforierten, goldglänzenden Blechpaneelen. Hochwertige Labor- und Büroräume auf fünf Geschossen bieten beste räumliche Voraussetzungen für eine Reihe von universitären Einrichtungen interdisziplinierter Forschung. Im 3. Obergeschoss stehen bis zu drei Mieteinheiten für Start-up-Unternehmen zur Verfügung, wodurch die Zusammenarbeit der Wissenschaft mit der Praxis gefördert werden soll. Im 4. Obergeschoss befinden sich Labore und Büros für Professoren des Exzellenzclusters „Entzündungen an Grenzflächen". Besprechungsräume und ein Sitzungssaal im 4. Obergeschoss bieten Raum für Interaktion und Repräsentation. Der Stringenz des Entwurfes entsprechen die gestalterisch unbewältigten Dachaufbauten, die – insbesondere aus der Fernsicht – die Wirkung des Gebäudes erheblich beeinträchtigen, nur unzureichend.

01
02
03
04
05
06
07
08
0
500
1000m
N

D
ÄUSSERE STADTTEILE

FREIE WALDORFSCHULE KIEL WERKSTATTTRAKT

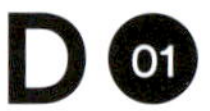

O: *Holzhofallee 20*
A: *Michael Breda / Richter Architekten BDA*

B: *Verein zur Förderung der Waldorfpädagogik e.V. Kiel*
R: *2003–2007*
F: *Alexander Voss*

Seit Gründung der Schule (1976) ist diese kontinuierlich erweitert worden. Die Erweiterung von 2003–2007 umfasst den Werkstatttrakt mit sieben Förderklassen, Mehrzweckraum, Holzwerkstätten, Maschinenraum, Zirkus AG, Bootsschuppen und Computerräumen. Der Werkstatttrakt bildet zusammen mit dem Brückenhaus den nördlichen Abschluss des Schulgeländes, der durch einen gedeckten Verbindungsgang akzentuiert wird. Im Erdgeschoss des Brückenbaus liegt ein Mehrzweckraum, der Raum für vielfältige Unterrichtsformen und außerschulische Nutzungen bietet. Im Obergeschoss befinden sich zwei Unterrichtsräume mit Gruppenräumen für die 1. und 2. Klasse der Förderstufen. Die Werkstätten gruppieren sich um den Werkhof als geschütztem Außenraum für das Werken im Freien. Über die Brücke mit dem Brückenhaus verbunden sind weitere Klassenräume mit jeweils einem Gruppenraum sowie Sanitäranlagen. Die beiden Computerräume im Ostflügel verfügen über eine eigene Erschließung.
Als Fassadenmaterial für die äußere Umhüllung wurde eine rot eingefärbte Faserzementplatte verwendet. Die Innenhof-Fassaden sind als Pfosten-Riegel-Konstruktion unter Verwendung von Holz und Aluminium ausgebildet. Die Dächer der eingeschossigen Gebäudeteile sind extensiv begrünt, auf dem Dach des zweigeschossigen Gebäudeteils befindet sich eine Photovoltaikanlage mit einer Leistung von 11,5 kW.

CITTI-TANKSTELLE

O: *Mühlendamm 1*
A: *Baade und Partner Architekten BDA*
B: *NTG Norddeutsche Tankstellen AG*
R: *1998*
P: *BDA-Preis Schleswig-Holstein 1999*
F: *Bernd Perlbach*

Die Gestaltung der Tankstelle hebt sich von den üblichen Bauwerken ihrer Art ab, die darauf zielen, werbewirksam bereits aus der Ferne als einem großen Konzern zugehörig erkannt zu werden. Die Tankstelle ist von einer Dachkonstruktion überspannt, welche aus elf Stahl-Doppelpylonen und einer daran angehängten Trapezblech-Dachfläche besteht. Die als modulares System konzipierte Konstruktion ist in Druck- und Zugstäbe aufgelöst, die wirkenden Kräfte sind somit klar ablesbar. Das filigrane Tragwerk, der großflächig verglaste Shop und die Schallschutzmauer ergeben ein Gesamtbild, das der Funktion in seltener Weise gerecht wird.
Die Jury des BDA-Preises 1999 urteilte: „Das weit verbreitete Bild der Tankstelle als ausdrucksloser, architekturfreier Umschlagplatz für austauschbare Waren gewinnt hier die ursprüngliche Klarheit einer durch Funktion, Sicherheit und Ökonomie bestimmten technischen Linie zurück. Mit wenigen einfachen, aber durchdachten Elementen – etwa der abschirmenden Sichtbetonwand als architektonische Basis oder den alle Nebenfunktionen integrierenden Tanksäulen – gelingt eine in Material, Form und Farbe stimmige Komposition. Die architektonische Rückeroberung eines Unortes für Verkehr [gelingt] ausgerechnet auf dem Gelände eines für die Gesamtproblematik typischen Einkaufszentrums."

STADTWERKE KIEL PFÖRTNERLOGE

O: *Uhlenkrog 32*
A: *Schmieder. Dau. Architekten BDA*
B: *Stadtwerke Kiel AG*
R: *2008*
F: *Christoph Edelhoff*

Die bestehende kantig-plumpe Pförtnerloge der Stadtwerke Kiel am Betriebshof Hassee wurde unter Erhalt der Tragstruktur und Außenwände umgebaut und modernisiert. Der Weg durch das Gebäude wurde zum Entwurfsthema: Eine geschwungene Wand durchschneidet das Haus und gibt dem Gebäude seine neue Form. Von dieser Wand geleitet, wird der Besucher ins Innere zu einem beleuchteten Tresen geführt, wo er sich anmelden kann, um später auf das Betriebsgelände zu gelangen. Das Raumprogramm umfasst eine kleine Wartezone mit Sitzplätzen sowie Neben- und Sanitärräume. Der Arbeitsplatz des Pförtners befindet sich in einer um 180° verglasten Kanzel. Die vorhandene Einfahrtsüberdachung hat ebenso wie die Fassade eine Verkleidung aus silbrigen Alublechen erhalten und korrespondiert mit der gekurvten Fassade. Die in zwei Ebenen gerundeten Eckverkleidungen des Daches stellten bei der Ausführung höchste Anforderungen an die Metallbauer.

STADTWERKE KIEL VERWALTUNGSGEBÄUDE

O: *Uhlenkrog 32*
A: *bbp : architekten BDA*
L: *BHF Bendfeldt Herrmann Franke Landschafts-architekten BDLA*
B: *Stadtwerke Kiel AG*
R: *2011*
F: *Bernd Perlbach*

D 3.2

Nach Aufgabe ihres innerstädtischen Standorts haben die Stadtwerke ihre Verwaltung und Werkstätten in den Ortsteil Hassee verlagert, was den Bau einer neuen Zentrale erforderlich machte. Das städtebauliche Konzept definiert den zentralen Bereich als „grüne Insel": eine kleine Zone mit hoher Aufenthaltsqualität.
Der Grundriss des viergeschossigen Gebäudes ist in Form eines „E" ausgebildet und wird über einen zentralen Hof erschlossen. Dem Eingangsbereich zugeordnet sind der Besprechungs-Pool und die Cafeteria. Die Erschließungskerne und die diesen zugeordneten Meeting-Points und Sanitärräume befinden befinden sich jeweils an den Übergängen vom rückwärtigen Riegel zu den „Zinken" der Kammstruktur.
Das Gebäude ist als Dreibund ausgebildet. Neben den außenliegenden Büros gibt es eine Mittelzone, in der die zentralen Funktionen wie Archiv, Besprechungsräume und temporär genutzte Ruhe-Arbeitszonen angeordnet sind. Die Büros sind größtenteils nach dem „Open-Space-Prinzip" offen gestaltet; einige Büros sind jedoch durch Glaswände von diesen abgeteilt. Die kammartige Baustruktur mit den beiden halboffenen Höfen erlaubt den Sichtkontakt von allen Arbeitsplätzen nach außen.
Die Fassaden sind mit einer hinterlüfteten Glattblechverkleidung versehen. Die Außen- und Innenseiten werden durch unterschiedliche Gliederung und verschiedenfarbige Lamellenelemente aus Keramik differenziert.

THEODOR-HEUSS-SCHULE GRUNDSCHULE

D 04

O: *Rendsburger Landstraße 127 D*
A: *Architektencontor Schäfer Agather Scheel*
B: *LH Kiel*
W: *1993, 1. Preis*
R: *1995*
F: *Mehlhorn*

Die vierzügige Grundschule als Teil der Gemeinschaftsschule Hassee liegt innerhalb des Ortsteils in einer ehemaligen Kiesgrube und ist zugänglich über die Rendsburger Landstraße. Um dieser Abseitslage entgegenzuwirken, markiert ein langgestrecktes Eingangsbauwerk den Zugang zu dem Gebäudekomplex sowie zu den Freianlagen. Dieser lineare Trakt, der unterschiedliche Nutzungen unter einem durchlaufenden Dach vereint, schließt den offenen städtebaulichen Raum zur Rudolf-Steiner-Schule nach Osten und setzt sich explizit von deren polymorphen, anthroposophisch begründeten Form ab. Die Klassen sind dahinter in einem sich zum Pausenhof öffnenden Viertelkreis angeordnet. Dieser Bogen findet seine Fortsetzung in einer hölzernen Brückenkonstruktion, die an die älteren Schulgebäude im Norden und an die obere Hangkante anschließt. Die Klassenräume sind so angeordnet, dass zweigeschossige Jahrgangshäuser entstehen, die zusätzlich durch eigene Farbgebungen zu unterscheiden sind. Der unmittelbare Zugang von den Klassen in den Außenraum ist auch aus dem Obergeschoss über Außentreppen möglich. Die beiden Trakte werden durch eine vielfältig zu nutzende Halle verbunden. Die Gestaltung des Freiraums wird von der Idee getragen, die Schulen zu verknüpfen. Nach Süden öffnet sich das Schulgelände über einen Wanderweg in den großzügigen Landschaftsraum zum Drachensee.

ÖKOLOGISCHE KINDERTAGESKRIPPE

O: *Grönhorst 11*
A: *Björn C. Siemsen Architekt BDA*
B: *Pädiko e.V., Verein für Pädagogische Initiativen und Kommunikation e.V.*
R: *2009*
F: *Björn C. Siemsen*

Neumeimersdorf hat als jüngster Stadtteil einen großen Anteil junger Familien und einen hohen Bedarf an Kindertagesbetreuung. Die KITA mit sieben Gruppen ist dementsprechend eine vergleichsweise große Einrichtung. Um trotzdem eine kindgemäße Maßstäblichkeit zu wahren, entwickelte Björn C. Siemsen in enger Zusammenarbeit mit dem Verein die Idee eines Kinderdorfes, in dem jede Kindergruppe ein eigenes Haus „bewohnt". Die Gruppenräume sind scheinbar chaotisch und ohne überdachte Verbindung um einen gemeinsamen Spielhof angeordnet. Dadurch haben Kinder und Betreuer einen intensiven Bezug zum Wetter und zum Außenraum, weil fast alle Wege unter freiem Himmel unternommen werden müssen. Das größte Gebäude dient als Gemeinschaftshaus mit Bewegungsraum, Büro und Cafeteria. Die anderen sieben Häuser nehmen jeweils eine Gruppe auf und verfügen über eigene kleine Küchen. Alle Häuser sind mit extensiv begrünten Satteldächern gedeckt, deren Firste gegenüber den Außenwänden etwas verdreht sind. Die sich so ergebenden asymmetrischen Giebel- und Traufseiten irritieren und lassen die eigentlich sehr einfachen Häuser comicartig verzerrt erscheinen. Die Außenwände sind mit Faserzementplatten bekleidet, die der Sonne zugewandten Dachflächen mit Photovoltaikelementen belegt. Eine Solarthermieanlage auf dem Gemeinschaftshaus versorgt die Anlage mit Warmwasser.

KINDERTAGESSTÄTTE PÄDIKO

O: *Bustorfer Weg 59*
A: *BSP Architekten BDA / Björn C. Siemsen Architekt BDA*
B: *Pädiko Verein für pädagog. Initiativen und Kommunikation e.V.*
R: *2014*
F: *Bernd Perlbach*

Das Gebäude bietet Raum für die ganztägige Betreuung von 35 Kindern unter drei Jahren in vier Gruppen und besteht aus drei Teilen. Der Eingangsbau mit Hauptdiele für gemeinsame Mahlzeiten und Veranstaltungen sowie Versorgungsräumen ist farblich betont. Dazu kontrastiert der Kinderbereich mit Gruppen-, Ruhe- und Wickelräumen durch seine plastische Fassade aus Haselnussgeflecht. Die Körpergröße der kleinen Nutzer bestimmt die Anordnung und Größe von Öffnungen, Ausblicken und Sitzflächen. Ein kleiner Lichthof macht das Wetter auch innen erlebbar und verbindet die Gebäudeteile. Als Trennwände zwischen den Räumen dienen Regale mit verglasten Rückseiten, was nicht nur viele Aufstellungsflächen bietet, sondern auch Blickbeziehungen durch das ganze Haus erlaubt. Die pädagogischen Prinzipien des Vereins zielen auf Naturnähe, Freiraum, Wohlbefinden der Kinder und offene Kommunikation. Konstruktion und Haustechnik sind ebenso auf das ökologische Baukonzept ausgerichtet wie die Verwendung natürlicher Materialien: Holzrahmenbau mit Zellulose-Dämmung, Lehmputz und Massivholzdielen sowie Wärmepumpe mit Wandstrahlheizung und PV-Paneele, die gleichzeitig als Sonnenschutz dienen. Das Dach ist begrünt und teilweise begehbar. Das Verkanten eines Gebäudeteils soll dazu beitragen, die Identifizierung der Nutzer und die Unverwechselbarkeit des Bauwerks zu stärken.

BÄCKEREI STEISKAL

O: *Radewisch 160*
A: *AX5 architekten*
B: *Bäckerei Steiskal GmbH*

R: *2007 (1. BA)*
P: *Bauherrenpreis der LH Kiel, 2009 (1. BA)*
F: *Bernd Perlbach*

D 07

Der über die Seitenansicht des Gebäudes reichende Schriftzug mit dem Namenszug der Firma macht das Gebäude zum Werbeträger, dessen Logo in der gesamten Stadt immer wieder auftaucht. Der Entwurf des Gebäudes beruht auf der Vorstellung, die unterschiedlichen Funktionen auch nach außen sichtbar werden zu lassen, ohne auf die Herausbildung einer unverwechselbaren Architektur zu verzichten. Im zweigeschossigen Kopfbau sind ein Laden und ein Café sowie Verwaltung und Personalräume untergebracht, in den rückwärtigen Teilen Produktion und Auslieferung. In der Mitte befinden sich die Kühl- und Gefrierzellen, darüber eine Empore für die Technik; beidseits davon die Produktionslinien für Brot und Feinbackwaren. Abgesondert davon ist der Teil für Konditorwaren. Anliegen des Entwurfes war es, nach Art einer gläsernen Fabrik den Produktionsablauf vom Laden und dem Café aus für die Kundschaft überschaubar und transparent zu machen. Von dort ist die gesamte Produktionslinie einsehbar, was der Kundschaft das Gefühl von Verlässlichkeit und Vertrauen in die Sauberkeit der Produktion vermitteln soll. Die Anforderungen ENEV werden weit über das erforderliche Maß erfüllt. Die bei der Produktion anfallende Abwärme wird zu einem nahen Einkaufszentrum geleitet. Aus Lärmschutzgründen sind die rückwärtige Ladezone und die Technik in den Baukörper integriert.

FIRMENZENTRALE ZÖLLNER

D 08

O: *Radewisch 40*
A: *Schmieder. Dau. Architekten BDA*
L: *BHF Bendfeldt Herrmann Franke Landschaftsarchitekten BDLA*
B: *Zöllner Holding GmbH*
W: *Gutachterverfahren*
R: *1. BA: 2009, 2. BA: 2016*
F: *Christoph Edelhoff*

Das Gewerbegebiet, in dem die weltweit agierende Firmenzentrale der Signaltechnik liegt, erstreckt sich entlang der B 404 und schirmt die benachbarte Wohnbebauung vom Lärm der Bundesstraße wirkungsvoll ab. Der Büro- und Produktionskomplex umfasst 6.500 m² Nutzfläche. Ein zentraler Hof bildet den räumlichen Mittelpunkt. Blickachsen vom Foyer in alle Produktionsbereiche machen aus dem Gebäude eine „gläserne Fabrik“. Im Erdgeschoss sind die Produktionsräume, ein Schallmessraum und ein Lager angeordnet. Im ringförmig um den Innenhof angelegten Obergeschoss befinden sich Räume für Entwicklungsarbeiten und die Kantine. Das zurückgesetzte Erdgeschoss ist in Metall verkleidet. Die Verwendung von gelben Ziegelelementen im Obergeschoss sucht dagegen den Dialog mit der gegenüberliegenden Wohnbebauung.

Ein zweiter Bauabschnitt konnte nach Erwerb des Nachbargrundstücks realisiert werden. Auf der Grundlage eines Masterplanes zur Entwicklung der Firma entstand die erste Erweiterung mit einem Brückenschlag auf das neue Grundstück. Der Anbau beinhaltet ein Schulungs- und Entwicklungszentrum mit einer angeschlossenen Lagerhalle, die mit einem Rollregalsystem maximale Ausnutzung bietet. Die äußere Gestaltung entspricht der des ersten Bauabschnittes, so dass der gesamte Komplex ein einheitliches Erscheinungsbild hat.

PRODUKTIONSHALLE LAUKIEN

O: *Borsigstraße 23*
A: *bbp: architekten BDA*
L: *BHF Bendfeldt Herrmann Franke Landschaftsarchitekten BDLA*
B: *Hans Laukien GmbH*
R: *2009*
F: *Bernd Perlbach*

D 09

Die neue Produktionshalle für die Herstellung von Baumaterialien schließt an eine ältere Halle an und erweitert den vorhandenen Gebäudekomplex um 1.640m². Konstruktiv handelt es sich um einen Stahlskelettbau mit Wänden aus Iso-Sandwichpaneelen. Der Innenraum ist als weißer Hintergrund gestaltet. Die Versorgungsleitungen, Beleuchtung und Heizung liegen sichtbar in einer Ebene. Zum Innenhof wird die Halle über Fenster und Gussglasfelder natürlich belichtet, das davor liegende Lochblech dient als feststehender Sonnenschutz.

Eine vorgehängte Fassade aus gelochten Paneelen zieht sich als zweite Hülle um das Gebäude und weiter als Zaun entlang der Hauptzufahrt zum Gewerbegebiet. Die Fassadenbleche sind mit einer Goldmetallic-Pigmentierung beschichtet, die je nach Blickwinkel einen Farbverlauf von Grau nach Gold wiedergibt. Die Fassade erzeugt so in Verbindung mit der Lochung einen je nach Wetter und Tageszeit wechselnden Eindruck.

Ungelochte Flächen lassen den Schriftzug mit dem Firmennamen LAUKIEN erkennen: Bei Tageslicht erscheint dieser subtil im Hintergrund, bei beginnender Dunkelheit tritt er durch die indirekte Beleuchtung als weithin sichtbares Zeichen hervor. Öffnungen sind als bewusster Kontrast zur Hülle gestaltet und gleichen sich an die dunkle Farbwirkung der in gleicher Ebene liegenden Fensterflächen an.

07
06
04
05
01
08
02
03
09
0
500
1000m
N

E

VON DER HÖRN BIS ZUR FACHHOCH-SCHULE

BÜROHAUS „HÖRN-CAMPUS“

E 01

O: *Kaistraße 111*
A: *Schmidt + Bremer mit Steuber + Christensen*
B: *Kap Hörn GmbH & Co. KG*
R: *2000–2001*
F: *Mehlhorn*

Das durch seine geschwungene Fassade auffällige Gebäude am Ende der Hörn bildet zusammen mit einer davor gelagerten, terrassierten Freifläche den architektonischen Endpunkt für die Förde und ist deshalb außerordentlich stadtbildprägend. Der mit öffentlichen Mitteln geförderte Bau sollte den Standort „Kai-City“ für die Ansiedlung von Betrieben der Informations- und Kommunikationsbranche qualifizieren.
Der Baukörper ist als gebogene Spange zwischen der geplanten Blockbebauung der „Kai-City“ und der Innenstadt platziert. Die Gestaltung ist entsprechend der Nutzung und dem Standort betont technisch, was insbesondere an den südseitig ausgerichteten Einzelbüros mit vorgehängten Sonnenschutzlamellen und den Treppentürmen sichtbar wird. Nach Norden und zum Wasser spannt sich über fünf Geschosse mit großen Gemeinschaftsbüros eine wellenförmig doppelt gebogene Glasfassade. Diese wird optisch von einer alles übergreifenden Wandscheibe „gehalten“. Kopfende und Eingangsbereich werden von einem runden Treppenhausturm mit gläsernem Aufzug hervorgehoben. Die beiden miteinander im Spiel befindlichen Elemente der dynamischen, leichten Glasfassade und des Treppenhauszylinders assoziieren die maritimen Elemente Wasser, Wind und Bewegung als „Glassegel“. Äußere Gestaltung und Grundrisse (z.B.: Computerarbeitsplätze nach Süden) haben mehrfach Kritik hervorgerufen.

HÖRNBAD

O: *Anni-Wadle-Weg 1*
A: *PBR Planungsbüro Rohling AG BDA*
L: *BHF Bendfeldt Herrmann Franke Landschaftsarchitekten BDLA*

B: *LH Kiel*
W: *2010, 1. Preis*
R: *2015–2019*
F: *Ulrich Hoppe*

Das Sport- und Freizeitbad besetzt einen prominenten Standort auf dem Gelände eines früheren Schlachthofes und bildet eine Brücke zwischen Vorstadt und Gaarden. Der Grundriss gleicht einem großen „L“, was sich aus der Berücksichtigung vorgegebener Elemente der Umgebung und der geringen Größe des Grundstücks ergibt. Die Wasserlandschaft mit 1.700 m² umfasst unterschiedlich große Schwimmbecken für Freizeit und Schwimmunterricht sowie ein Eltern-Kind-Becken. Darüber hinaus bietet der Außenbereich eine weitere Schwimmfläche und eine Liegewiese. Das 50 m-Sportbecken verfügt über acht Bahnen und einen Hubboden, der eine stufenlos einstellbare Wassertiefe ermöglicht. Mittels einer Wendebrücke lässt sich das Becken auch teilen.

Das Äußere wird bestimmt durch die Schrägstellung der Nord- und Ostfassaden, was zwar ein futuristisches Erscheinungsbild ergibt oder an einen Schiffsrumpf erinnert, eine Korrespondenz zu den Gebäuden in der näheren Umgebung aber ausschließt. Auch durch die Materialität – helle, großformatige Fassadenplatten mit offenen Fugen, anthrazitfarbene Aluminiumprofile und Glasflächen – hebt sich das Gebäude von seiner Umgebung ab. Nach Westen öffnet sich das Bad mit großen Fensterfronten zu einer Terrasse und einem Teich. Das Raumprogramm wird ergänzt durch einen Shop und ein Bistro sowie den Sauna- und Wellness-Bereich mit vier Themensaunen.

KOOL KIEL

O: *Werftbahn / Werftstraße*
A: *MVRDV Architekten*
B: *KapHorn GmbH*

W: *2019*
R: *2021–2025*
V: *MVRDV Architekten*

Auf einer unter Wert genutzten Gewerbefläche ist ein multifunktionales Gebäudeensemble mit 64.000 m² Geschossfläche geplant, das für den Stadtteil Gaarden und dessen Verbindung mit der Innenstadt große Bedeutung haben wird. Statt eines ursprünglich vorgesehenen „Erlebnishotels" in einem 17-geschossigen Hochhaus als Dominante ist gegenwärtig ein Gebäude mit Eigentumswohnungen, einem Boardinghouse mit kurzzeitig zu mietenden Wohnungen und Gewerbeflächen geplant. Für einen zweiten Turm ist Büronutzung vorgesehen, an der Werftstraße entstehen drei fünfgeschossige, die orthogonale Ordnung durchbrechende „tanzende Würfel" mit Wohnungen, entlang der Werftbahnstraße ein Riegelbau mit Wohnungen unterschiedlichster Art, darunter Dachwohnungen in Form von Gartenhofhäusern mit Sattel- und Pultdächern sowie großen Terrassen. 30 % der Wohnungen werden öffentlich gefördert. Alle Gebäudeteile werden durch ein Basisgeschoss verbunden, über dem sich allgemein zugängliche, vielfältig bespielbare Dachgärten erstrecken werden. Zum Konzept gehört es, dass es sich an sich ändernde Erfordernisse anpassen lässt und das endgültige Aussehen deshalb von den bisherigen Vorstellungen abweichen wird. Trotz hoher visueller Attraktivität stellen sich grundsätzliche Fragen nach dem Zusammenhang von Inhalt und Form ebenso wie die nach Ortsbezogenheit.

KAI-CITY AN DER HÖRN

O: *Kai-, Gablenz-, Werftstraße*
A: *Staermose & Isager mit Wulf Dau-Schmidt (städtebauliche Konzeption), mehrere Architekten (Hochbau)*
B: *mehrere Bauherren*
W: *2018 (Hochbau)*
R: *1989–2025*
V: *Kieler Hörn GmbH & Co. KG und HS - Architekten (Bild oben, Baufeld XII)*

Die Aufwertung eines ehem. Gewerbegebietes wird dazu beitragen, die Verbindung der Innenstadt mit dem Stadtteil Gaarden zu intensivieren. Geplant ist die Bebauung in langgestreckten Baublöcken mit der Mischung unterschiedlicher Nutzungen, d. h. Wohnen, Dienstleistungen und Gastronomie. Das ursprüngliche Konzept von 1991 wurde inzwischen mehrfach modifiziert, zuletzt durch ppp Architekten + Stadtplaner BDA.
Bis 2022 werden durch eine Projektgemeinschaft örtlicher Bauträger, Baugenossenschaften und eines Hamburger Investors gemischt zu nutzende Gebäude erstellt. Die Projektgemeinschaft baut auf drei Baufeldern 440 Wohnungen, von denen 20% öffentlich gefördert werden, sowie Gewerbeflächen mit 7.400 m². Architekten sind: APB Grossmann-Hensel Schneider Andresen BDA, BIWERMAU BDA, HS-Architekten Schmidt Limroth Funck Klapsing, bbp : architekten BDA und ppp Architekten + Stadtplaner BDA. Auf zwei weiteren Baufeldern entstehen durch ein Hamburger Unternehmen weitere 350 Mietwohnungen und 105 geförderte Studentenwohnungen sowie 6.000 m² Gewerbeflächen mit einem „Gasthaus", Mikro-Appartements und einem Kindergarten (GRAFT Architekten BDA). Die Beauftragung mehrerer Architekten erfolgte explizit mit dem Ziel, ein hohes Maß an Vielfalt zu erreichen. Am Germaniahafen ist der Bau eines Hotels durch einen Hannoveraner Investor vorgesehen (bis 2025).

INVESTITIONSBANK SCHLESWIG-HOLSTEIN

E 05

O: *Willy-Brandt-Ufer*
A: *Heinle Wischer und Partner, Architekten BDA*
L: *Siller Landschaftsarchitekten BDLA*
B: *IB.SH Investitionsbank Schleswig-Holstein*
W: *ÖPP-Teilnahmeverfahren*
R: *2020–2021*
V: *Heinle Wischer und Partner*

Das Verwaltungsgebäude des zentralen Förderinstitutes des Landes fügt sich in das vorgegebene Bebauungsschema geschlossener Baublöcke ein. Die Größe der Nutzflächen machte allerdings eine Teilung in zwei Baukörper notwendig, die als selbständige Stadtbausteine erscheinen und durch eine gläserne Brücke miteinander verbunden sind. Der optische Zusammenhang der fünfgeschossigen Baukörper wird auch durch eine umlaufende Kolonnade verstärkt. Bei der Außenfassade kommt der ortstypische rote Klinker zum Einsatz. Tief ausgeführte, umlaufende Fensterlisenen gliedern das Gebäude und erzeugen ein Wechselspiel von Licht und Schatten. Dagegen ist der Innenhof mit hellem Klinker gestaltet, was nicht nur eine helle, freundliche Atmosphäre schafft, sondern auch Transparenz und Offenheit. Der Eingangsbereich wird durch die Staffelung von Teilräumen unterschiedlichen Grades von Öffentlichkeit geprägt und erlaubt eine direkte Blickbeziehung zur Hörn. Alle Regelgeschosse der beiden Bauteile werden als Ringstruktur ausgebildet und erlauben eine flexible Bespielbarkeit. An zentralen Kreuzungspunkten sind offene Kommunikationszonen mit Balkonen zur Hörn angeordnet. Das energetische Konzept (Gold-Status nach DGNB) beinhaltet u.a., das Wasser der Förde über eine Wärmepumpe zum Heizen und Kühlen zu nutzen.

CAU, TECHNISCHE FAKULTÄT

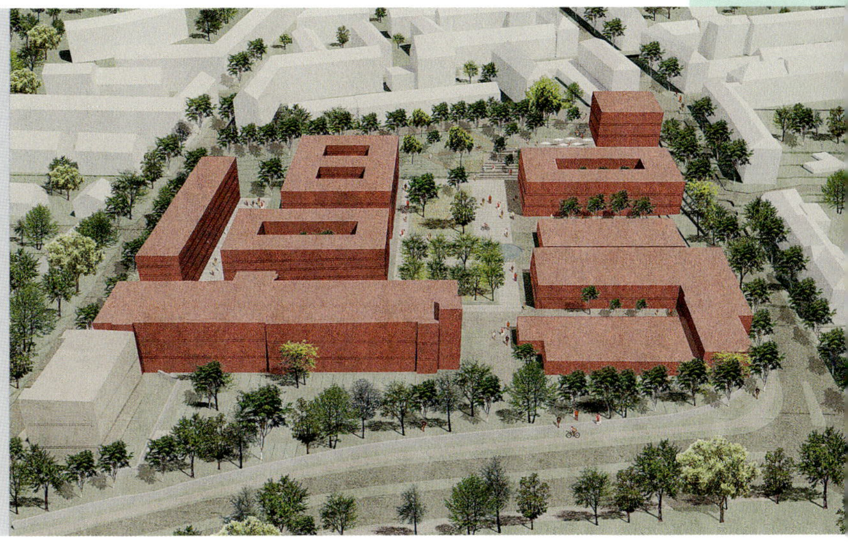

O: *Kaiserstraße 2*
A: *Victoria von Gaudecker Architektin BDA (städtebaulicher Rahmenplan)*
L: *BL9 Landschaftsarchitekten*
B: *Land SH / GM.SH*
W: *Workshop 2018, 1. Preis*
R: *ab 2021*
V: *Victoria von Gaudecker*

Die Ansiedlung der Technischen Fakultät der CAU erfolgte ebenso wie die der Fachhochschule und GEOMAR (**→E.10–13**) auf dem industriell geprägten Ostufer mit dem Ziel, den „benachteiligten" Stadtteilen einen Entwicklungsimpuls zu geben. In einer ersten Phase wurden nicht mehr genutzte Gewerbebauten dafür umgebaut. Eine klare Struktur ist dadurch nicht erkennbar. Die Ergebnisse eines Workshops bilden die Grundlage eines Rahmenplanes für die zukünftigen Entwicklungen. Ziel ist es, alle Gebäude an dem neu zu gestaltenden Campus zu einem Ensemble zusammenzuführen, in die heterogene Umgebung einzufügen und zugleich diesem eine eigene Identität zu geben. Die Baukörper werden kompakt zueinander geordnet, um ein Wechselspiel von Enge und Weite zu erzeugen. Von schmal geschnittenen Höfen werden die Institute und Werkstätten erschlossen. Die Mitte des Campus wird ein vielfältig bespielbarer Platz mit Grün- und Erholungsinseln sein und eine Art städtebauliches Rückgrat für die Gebäudestruktur, Orientierung und Freiraumnutzung bilden. Die Vernetzung mit der Umgebung erfolgt zum einen durch die Anordnung öffentlichkeitsbezogener Nutzungen im Anschluss an die Wohnbebauung an der Elisabethstraße (Hörsaalgebäude mit Fachbibliothek und Café mit Außenterrasse), zum anderen freiräumlich durch die Anbindung an den Werftpark mit zahlreichen Freizeitangeboten.

FÄHRTERMINAL NORWEGENKAI

O: *Norwegenkai 1*
A: *ARGE Baade und Partner Architekten BDA und FO Arkitektkontor AB + SAR Göteborg*
B: *Seehafen Kiel GmbH & Co. KG*
R: *1996–1997*
P: *Bauherrenpreis der LH Kiel, 1998*
F: *Mehlhorn*

Mit der Hörnbrücke bildet das dritte Fährterminal den Beginn der Neugestaltung des östlichen Hörnufers. Das Grundstück liegt an der Nahtstelle zwischen den Werftanlagen und der nach Süden angrenzenden, in Entwicklung befindlichen Kai-City (→**E.04**). Zu den Besonderheiten des Terminals gehört die exponierte Lage gegenüber der Innenstadt, seine zurückhaltende Höhenentwicklung unterstreicht zugleich die Horizontalität der Fördelandschaft. Zum Westufer und damit zur Innenstadt öffnet sich die große, vollständig verglaste Passagierhalle und bietet einen außergewöhnlichen Panoramablick auf die Förde und das Westufer mit Hauptbahnhof (woher die meisten Passagiere kommen) und Rathausturm. Wegen seiner besonderen räumlichen Qualität wird das Gebäude auch für Veranstaltungen und Ausstellungen genutzt.

Die Gliederung des Baukörpers entspricht der funktionalen Struktur: Die oberen Geschosse mit Passagierhalle und Büros sind abgesetzt von den beiden untergeschobenen Baukörpern für Frachtabfertigung und Gebäudetechnik. Die verglasten Passagierstege und zwei mobile Landgänge stellen die Verbindung zu den Schiffen her. Nebengebäude für Sonderfahrzeuge und das Personal sind an die Grundstücksgrenze gesetzt. Für die Grenzkontrolle der Kfz besteht eine mehrspurige Anlage auf der Landseite des Hauptgebäudes. Die Anlage ist an das Schienennetz angeschlossen und auf Zuwachs ausgelegt.

HANS-CHRISTIAN-ANDERSEN-SCHULE, ERWEITERUNG

O: *Stoschstraße 24–26*
A: *ppp Petersen Pörksen und Partner, Architekten und Stadtplaner BDA*
B: *LH Kiel*

W: *2012, 1. Preis*
R: *2013–2014*
P: *BDA-Preis Schleswig-Holstein 2015*
F: *Stephan Baumann*

Die Schule gehört zu den von Rudolf Schroeder entworfenen Gebäuden (1956–1958). Bereits wenige Jahre nach Fertigstellung erfolgte ein erster Umbau, der den Charakter der Schroederschen Architektur jedoch nicht veränderte. Dagegen hat sich die städtebauliche Situation insofern geändert, als der Ostring immer mehr Verkehr aufnehmen musste und sich die Offenheit dorthin als nachteilig erwies. Auch hat sich Gaarden seitdem zu einem „benachteiligten" Ortsteil entwickelt, die Sozialstruktur weist einen hohen Anteil von Menschen mit geringem Einkommen auf. Auf beide Probleme – Verkehrslärm und soziale Verhältnisse – reagiert der Neubau, denn die Schule hat über die Aufgabe des Ganztagesbetriebes hinaus auch die, eine Anlauf- und Beratungsstelle mit vielfältigen Angeboten für Menschen aus der Nachbarschaft zu sein. Der neue, langgestreckte Ziegelbau parallel zum Ostring schirmt mit seinen zwei Geschossen (im Erdgeschoss Kantine und Allzweckraum, darüber Klassenräume) den Hof gegen den Verkehrslärm ab und bildet zusammen mit dem Altbau und der Sporthalle einen gefassten Raum. Ein Bandfenster bietet Aus- und Einblicke für den Flur mit Wartebereichen vor den Beratungsräumen. Eine verglaste Loggia erlaubt vielfältige Nutzungen für Schule und Stadtteil. Für Feste lässt sich die gesamte Loggia zu einem Großraum verbinden und zum Hof öffnen.

SERVICEHAUS SPORTPARK KIEL-GAARDEN

E 09

O: *Preetzer Straße 115 (hinter Coventryhalle)*
A: *Zastrow und Zastrow, Architekten und Stadtplaner*
L *Kessler.Krämer Landschaftsarchitekten BDLA*
B: *LH Kiel*
R: *2010–2014*
F: *Mehlhorn*

Die Anlage des Sport- und Begegnungsparks trägt dazu bei, die Bewohner*innen der „benachteiligten“ Stadtteile Gaarden und Ellerbek, für die es eine Reihe städtebaulicher und sozialplanerischer Programme gibt, in ihrer ganzen Buntheit und Vielfalt miteinander in Kontakt zu bringen: Einzelpersonen, Gruppen, Alteingesessene wie Zugewanderte, aktive Sportbegeisterte ebenso wie sportlich weniger Aktive. Der Sport dient als Mittel der Begegnung, weshalb das Angebot niedrigschwellige und trendorientierte Sportarten ebenso wie solche für gesundheits- und leistungsorientierte Sportler umfasst.

Das Servicehaus ist als Eingang von der Coventryhalle zum in die natürliche Landschaft eingebetteten Park konzipiert. Die Funktionen sind im unteren Geschoss: Café mit Außenterrasse, Ausleihe und Lager von Sportgeräten; im oberen Geschoss: Büro und Jugendraum sowie Lager für kleine Spielgeräte. Das Gebäude ist in den Hang gebaut, der einen Höhenunterschied von 3,30 m aufweist. Die Gebäudeteile sind so gegliedert, dass sie sich gegeneinander verschieben und zugleich die Richtungen aus der Umgebung aufnehmen. Die Dachfläche des unteren Bauteils dient als Terrasse, die des oberen Teils als Rampe für Skater. Die Differenzierung der Bauteile durch unterschiedliche Materialien (oben: Cortenstahl, unten: Sichtbeton) steigert die skulpturale Wirkung des kleinen Bauwerks.

GEOMAR / HELMHOLTZ-ZENTRUM FÜR OZEANFORSCHUNG

E 10.1

O: *Wischhofstraße 1–3 / Seefischmarkt*
A: *Kleine + Partner Architekten BDA*
B: *BM für Bildung und Forschung / Ministerium für Bildung und Wissenschaft des Landes SH*
W: *1990, 1. Preis*
R: *1990–1996*
F: *Mehlhorn*

Aufgabe des Forschungszentrums ist es, die chemischen, physikalischen, biologischen und geologischen Prozesse und ihre Wechselwirkungen mit dem Meeresboden und der Atmosphäre zu untersuchen. Das Institut gehört zu den weltweit führenden Einrichtungen auf dem Gebiet der Meeresforschung.
Der sich im Mündungsbereich der Schwentine in die Förde erstreckende Gebäudekomplex bildet mit der Kaimauer, wo das institutseigene Forschungsschiff anlegt, eine Einheit. Senkrecht zur Schwentine gestellte Gebäuderiegel und dazwischen angeordnete Höfe sichern den überall spürbaren Bezug zum Wasser. Die unterschiedliche Ausformung der Riegel variiert das Thema „Arbeitsraum plus Flur“ – als Dreibund, Glashalle, einbündige Anlage –, um den vielfältigen funktionalen Anforderungen zu genügen. In einem Hof nahe der Hauptzufahrt ist ein Hörsaalbau eingestellt. Die Riegel werden funktional durch einen im ersten Obergeschoss durchlaufenen Quergang verbunden, optisch durch ein Klimarohr im Dachgeschoss sowie verbindende Träger. Der Entwurf war so angelegt, dass es möglich gewesen wäre, den Komplex linear zu erweitern. Die ruhige Gelagertheit des Gebäudes am Ufer der Schwentine und die Verwendung roten Ziegels lassen diesen Bau als vorbildlich erscheinen für die Berücksichtigung topografischer Gegebenheiten und die Einfügung in eine baulich heterogene Umgebung.

GEOMAR / HELMHOLTZ-ZENTRUM FÜR OZEANFORSCHUNG

O: *Wischhofstraße / Seefischmarkt*
A: *Staab Architekten BDA*
L: *GTL Gnüchtel Triebswetter Landschaftsarchitekten, BDLA*
B: *GEOMAR Helmholtz-Zentrum für Ozeanforschung Kiel*
W: *2012*
R: *2021*
F: *Mehlhorn*

Das für das Grundstück sehr große Raumprogramm des Erweiterungsbaus erlaubte es nicht, die horizontale Struktur des „Altbaus" fortzusetzen. Sein architektonisches Grundthema entwickelt sich aus der Lage am Wasser und der von Ziegelbauten geprägten Umgebung. Ein massiver Sockel setzt die bauliche Kante des bestehenden Gebäudes fort und fügt sich mit seiner Fassade aus Cortenstahl farblich in die Umgebung ein. Der Sockelbereich, in dem die Expeditionsgeräte lagern und Labore Platz finden, wird durch Patios gegliedert und belichtet. Darüber erheben sich fünf Kuben unterschiedlicher Proportion und Höhe, in denen die Forschungsbereiche angesiedelt sind. Ihre prismatisch reflektierenden Glas-Alufassaden fangen die maritime Lichtstimmung auf und treten in Kontrast zum hermetisch geschlossenen Sockel. Die öffentlichen Bereiche des Gebäudes sind in einem mit Cortenstahl verkleideten Kubus, der zugleich Alt- und Neubau verbindet, zusammengefasst. Er ist direkt aus dem Foyer zu erreichen und bietet der Fachöffentlichkeit einen Konferenzbereich mit Terrassen zum Wasser und eine meereswissenschaftliche Bibliothek. Um die Kommunikation der Wissenschaftler zu fördern, wurden die Flure in den Forschungsbereichen um Aufenthaltszonen und Besprechungsräume erweitert, von denen aus sich ein Blick auf das Wasser und die institutseigenen Forschungsschiffe öffnet.

KITA UND JUGENDTREFF

O: *Stolzeweg 11*
A: *BSP Architekten BDA*
L: *Muhs Landschafts-architekten*

B: *LH Kiel*
R: *1999*
F: *Helmut Kunde*

E 11

Das Gebäude liegt in unmittelbarer Nähe zu einer verkehrsreichen Umgehungsstraße in Hochlage. Die schwierigen Rahmenbedingungen bilden die Grundlage für das Entwurfsthema: Zwei zu einem schiefwinkeligen L angeordnete Baukörper werden über eine verbindende Glashalle erschlossen und definieren einen geschützten Gartenraum. Der neben der Schnellstraße gelegene Gebäudeteil wird durch eine lange, weitgehend geschlossene Wand geprägt, die über das eigentliche Gebäude hinausschießt und Gruppenräume und Garten gegen den Verkehrslärm abschirmt. Das Gebäude enthält drei Gruppenräume für Kinder im Alter von 1 bis 5 Jahren sowie einen Hortraum, eine Kinderküche, einen Mehrzweckraum sowie Aufwärmküche und Büro- und Personalräume.

Alle Aufenthaltsräume sind nach Süden oder Südwesten ausgerichtet und mit einer fein profilierten Glasfassade zum Garten geöffnet. Großzügige Balkone und Terrassen erweitern die Spielbereiche und lassen die Nutzung des Außenraums auch bei ungünstigem Wetter zu. In allen Gruppenräumen sind erhöhte oder abgesenkte kleine Bereiche als Rückzugsebenen für die Kinder abgeteilt.

Beim Bau wurden weitgehend natürliche Materialien eingesetzt, die entweder roh belassen oder durch kräftige Farben akzentuiert sind.

Der Jugendtreff wird separat betrieben und über eine außenliegende Treppe erschlossen.

FACHHOCHSCHULE KIEL

E 12

O: *Grenzstraße / Sokratesplatz*
A: *Ingo Andreas Wolf und GM.SH (Städtebau), mehrere Architekten (Hochbau)*
B: *Land SH / GM.SH*
W: *Städtebaul. Wettbewerb 1992, 1. Preis*
R: *1993, noch andauernd*
F: *Mehlhorn*

Mit der Ansiedlung der Hochschule auf dem Ostufer sollte dem strukturschwachen Ortsteil Neumühlen-Dietrichsdorf ein nachhaltiger Entwicklungsschub gegeben werden. Auch wenn es dort inzwischen 7.000 Studienplätze und studentische Wohnhäuser gibt, hat sich die Verknüpfung von Stadtteil und Hochschule bisher nur unzureichend entwickelt.

Das städtebauliche Konzept berücksichtigt das ursprüngliche Erschließungssystem mit geraden Straßen und schmalen Blöcken sowie die Erhaltung einiger Wohnhäuser, die ursprünglich beseitigt werden sollten. Heute wird die Mischung unterschiedlicher Nutzungen als Vorteil angesehen. Um den Sokratesplatz gruppieren sich die zentralen Einrichtungen wie das Große Hörsaalgebäude, Studienkolleg und Mehrzweckgebäude. Der Platz wird dominiert vom Hochhaus der ehem. Howaldtwerft, einem Rasterbau aus den 1960er Jahren. In unmittelbarer Nähe ist das Kleine Hörsaalgebäude entstanden (Architekten: Ingo Andreas Wolf und Ulrich Klingsporn, Architekten BDA, 1998). Entgegen der ursprünglichen Konzeption, durch die Konzentration der zentralen Einrichtungen auf den angrenzenden Stadtteil auszustrahlen und die dort lebenden Menschen in den Campus einzubeziehen, wurde die Mensa in einer ehem. Werkshalle an der Schwentine eingerichtet und ist damit vom Hochschulcampus und dem Stadtteil durch die Werftstraße getrennt (Landesbauamt, 2000).

GROSSES HÖRSAALGEBÄUDE

O: *Sokratesplatz 6*
A: *Landesbauamt Kiel II*
B: *Land SH*

R: *2001*
F: *Mehlhorn*

Das durch seine Farbigkeit – nach außen wie auf dem Dach – außergewöhnliche Bauwerk hebt sich deutlich von den benachbarten Gebäuden ab und gewinnt dadurch einen hohen Eigenwert. Es begrenzt den Sokratesplatz im Süden, wo sich der architektonisch nur wenig hervorgehobene Haupteingang befindet. Gestaltungselemente wie farbige Dächer, gewellte Fassadenpaneele aus Aluminium und Fußböden innerhalb des Gebäudes, unterschiedliche Größen der Fenster und deren scheinbar willkürliche Anordnung tragen dazu bei, eine positive Lernatmosphäre zu schaffen. Im Inneren dominieren Glas, Edelstahl und helles Buchenholz. Das Foyer ist über Lichthöfe und Glasdächer belichtet und dient sowohl dem Aufenthalt der Studenten als auch Ausstellungen und Präsentationen. Insgesamt verfügt das Hörsaalgebäude über sieben Hörsäle mit einer Kapazität von 70–300 Plätzen, in der Summe 1.050 Plätze bei einer Hauptnutzfläche von 1.480 m².

In einem Teilbereich befindet sich der außerordentlich populäre Mediendom, eine Art von Kuppeltheater mit 360°-Multimedia-Ausstattung, wo Besucher in fremde Welten und das Weltall eintauchen können. Der Mediendom dient aber auch der Lehre und Forschung immersiver Technologie der Studiengänge Multi-Media-Production und Medienkonzeption. Der Zugang befindet sich an der Straße Langersaal.

LABORHALLEN

E 12.2

O: *Grenzstr. / Schwentinestr.*
A: *Architektencontor Schäfer Agather Scheel*
B: *Land SH / GM.SH*
R: *2000*
F: *Mehlhorn*

Der Entwurf der Laborhallen fügt sich in das vorhandene lineare Erschließungssystem des früher gewerblich geprägten Gebietes und des benachbarten Hell-Gebäudes ein und interpretiert dieses entsprechend den veränderten Bedingungen neu. Der langgestreckte Baukörper entlang der Schwentinestraße öffnet sich im Drittelpunkt und gibt den Durchblick auf das Werkstattgebäude, die historische Gießerei (ein letzter baulicher Rest der früher dort angesiedelten Industrie), den Osthafen und die Förde frei. In dem offenen Haupteingangsbereich schließt sich nördlich das Institut für Elektrotechnik an. Im südlichen Teil befinden sich die Institute für Fahrzeugtechnik und Strömungsmaschinen. Der Baukörper wird durch eine schräg verlaufende, Laborhallen und Hell-Gebäude verbindende Brücke durchstoßen, die die ansonsten strenge Orthogonalität durchbricht.

Die Hallen und Werkstatttrakte sind teilweise unterkellert und haben aufgrund des Geländeverlaufes im Süden ein teilbelichtetes Kellergeschoss. Die Stahlkonstruktion der Hallen besteht aus eingespannten Stahlstützen, verbunden mit bogenförmigen Trägern. Die Stahlstützen in den Laboren für Kolben- und Strömungsmaschinen bilden gleichzeitig die Auflager der Schienen für einen fahrbaren Kran in der Halle. Die Fassaden bestehen aus thermisch getrennten Profilen und Isolierverglasung sowie Metallpaneelen.

BIBLIOTHEKARISCHES LERNZENTRUM

O: *Sokratesplatz*
A: *Burckhardt + Partner*
L: *Kessler.Krämer Landschaftsarchitekten BDLA*

B: *Land SH / GM.SH*
R: *2019–2022*
V: *Burckhardt + Partner*

Das viergeschossige, quadratisch angelegte Lernzentrum bildet den nördlichen, etwas abseitig gelegenen Abschluss der den Campus durchziehenden Hauptachse. Seine funktionale Gliederung entspricht dem nach oben abnehmenden Grad von Öffentlichkeit: Im Erdgeschoss sind Gastronomie und Veranstaltungsräume angeordnet, im ersten Obergeschoss befindet sich das Lernzentrum mit Arbeitsplätzen, darüber die Bibliothek. Die Funktionsräume gruppieren sich um ein zentrales, als Kommunikationsraum gestaltetes offenes Atrium, von dem aus sich vielfältige Blickbeziehungen durch das ganze Haus ergeben. Die mehrläufige, über 12 m freitragende und von oben belichtete Treppenanlage bietet Sitzmöglichkeiten für die Nutzer. Von einer Dachterrasse bietet sich ein schöner Blick auf den Hafen.

Über dem großflächig verglasten Erdgeschoss sind die Obergeschosse durchgängig mit einer Metall-Glas-Fassade verkleidet. Damit setzt sich das Gebäude von der durch roten Ziegel geprägten Architektur des Campus ausdrücklich ab.

In unmittelbarer Nähe stehen ein Mehrzweckgebäude mit Audimax (500 m²), Studierenden-Service-Center, Sprachenzentrum und einer Halle für Spiel- und Erlebnispädagogik (Architekten: AGN Niederberghaus & Partner, 2009) und das Studienkolleg für Studienbewerber aus dem Ausland (Architekten: GM.SH mit Figge und Detlefsen Architekten BDA, 2012).

ANHANG

Namen der Architekten*innen und Landschaftsarchitekten*innen

C–D

E–G

H–J

K

L–M

N–P

R–S

T–Z

AUTORIN & AUTOREN

DORIS GRONDKE *1956

Ausbildung zur Krankenschwester, parallel zur Tätigkeit auf einer Intensivstation Studium der Architektur und Stadtplanung an den Universitäten in Braunschweig und Hannover. Nach Studienabschluss 1999 Tätigkeit in verschiedenen Büros in Hannover und Kassel sowie bei ppp Petersen Pörksen und Partner, Architekten und Stadtplaner in Lübeck und Hamburg. Von 2012–2017 Leitung des Dezernats für Stadtentwicklung und Bauen in Buchholz i.d. Nordheide. Seit 2017 Stadträtin für Stadtentwicklung Bauen und Umwelt der LH Kiel. Mitgliedschaft in der DASL, im DST Umweltausschuss sowie im Ausschuss Stadtentwicklung, Bauen, Wohnen und Verkehr, im Städteverband Schleswig-Holstein sowie in der AIK.SH. Vorsitzende des Vereins für Baukultur Kiel.

CHRISTIAN SCHMIEDER *1964

Nach Tischlerlehre Architekturstudium an der FH Kiel / FB Bauwesen in Eckernförde („Bauschule"), Diplom 1993. Ab 1994 gemeinsames Büro mit Rainer Dau als freischaffende Architekten. Die Palliativstation des UK.SH (→**B.04.1**) wurde 2007 vom BDA SH mit einem Preis ausgezeichnet. 2015 wurden die Muthesius-Kunsthochschule (→**C.03**) und das Parkhaus des UK.SH ausgezeichnet (→**B.04.2**). 2011 erfolgte die Berufung in den BDA, 2014 die Wahl zum Vorsitzenden der Region Kiel und 2018 zum Vorsitzenden des Landesverbandes Schleswig-Holstein, verbunden damit ist die Mitgliedschaft im BDA-Bundesvorstand. Seit 2014 Mitglied im Hauptausschuss der AIK.SH und stellv. Sprecher des Ausschusses für Wettbewerbs- und Vergabewesen. Preisrichter in zahlreichen Wettbewerbsverfahren.

DIETER-J. MEHLHORN *1942

Studium von Architektur und Städtebau an den TH Braunschweig und Darmstadt sowie ETSA Madrid, Abschluss 1968/69. Berufliche Tätigkeit als Architekt und Stadtplaner. Promotion an der Uni Hannover 1979. 1985–2007 Prof. für Städtebau an der FH Kiel/Eckernförde, Prorektor der FH von 1989–1992 (Ansiedlung der FH auf dem Ostufer). Zusammenarbeit mit Kieler Planungsbüros, 2008–2016 Mitglied des Beirats für Stadtgestaltung der LH Kiel. Seit 2007 Mitwirkung am Fernstudiengang „Historische Stadt" der Uni Lübeck. Autor von Fachbüchern und Beiträgen in Zeitschriften wie PlanerIn, Bauwelt, DAB Deutsches Architektenblatt und Forum Stadt. U.a. aktive Mitarbeit in Gremien von AIK.SH, SRL Vereinigung für Stadt-, Regional- und Landesplanung, SHHB Schleswig-Holsteinischer Heimatbund und DIAG Deutsch-Ibero-Amerikanische Gesellschaft. Ehrenmitglied des NLKV Neuer Leipziger Kunstverein.
Außerordentliches Mitglied des BDA Bund Deutscher Architektinnen und Architekten.

LITERATUR

Architektur in Schleswig-Holstein; 200 Beispiele seit 1945. Hg. von Klaus Alberts und Ulrich Höhns für das Schleswig-Holsteinische Archiv für Architektur und Ingenieurbaukunst bei der AIK Architekten- und Ingenieurkammer unter Mitwirkung des BDA Bund Deutscher Architekten, Landesverband Schleswig-Holstein. Hamburg 1994

Architektur in Schleswig-Holstein. Schriftenreihe des Schleswig-Holsteinischen Archivs für Architektur und Ingenieurbaukunst. Hg. von Klaus Alberts und Ulrich Höhns. Hamburg 1996 ff. (= 1996, 2000, 2007)

BDA Preis, Architektur in Schleswig-Holstein. Hg. vom BDA Bund Deutscher Architekten. Redaktion: Ulrich Höhns. Kiel 1999 ff. (= 1999, 2003, 2007, 2011, 2015, 2019)

Ulrich Höhns und Klaus Alberts (Hg.): Rudolf Schroeder; Neues Bauen für Kiel 1930–1960. Hamburg 1988

Ulrich Höhns: Zwischen den Meeren; Neue Architektur in Schleswig-Holstein. Hg. von der Architekten- und Ingenieurkammer Schleswig-Holstein. Hamburg 2017

Mehlhorn, Dieter-J.: Architekturführer Kiel. (Ergänzung 1997–2010) Berlin 1997/2010

Mehlhorn, Dieter-J.: Architekturführer Schleswig-Holstein. Berlin 2020

Tag der Architektur und Ingenieurbaukunst. Schriftenreihe, Hg. von der AIK Architekten- und Ingenieurkammer Schleswig-Holstein. Kiel 2010 ff.

BDA

Der Bund Deutscher Architektinnen und Architekten BDA ist ein Zusammenschluss von etwa 5.000 besonders qualifizierten Architekten und Architektinnen. Sie werden von den Landesverbänden des BDA nach Qualitätskriterien berufen.

„Architekt/Architektin" ist in Deutschland eine geschützte Berufsbezeichnung wie Rechtsanwalt oder Apotheker. Wie bei diesen anderen „Freien Berufen" auch, darf nicht jeder diese Bezeichnung führen, sondern nur solche Absolventen eines Architekturstudiums, die sich neben ihrer akademischen Ausbildung auch eine Zeit lang in der Praxis eines Architekturbüros bewährt haben. Dann werden Architekten in die Architektenkammer ihres Bundeslandes aufgenommen. Fortan dürfen sie die Berufsbezeichnung führen und Pläne zur Genehmigung bei den Baubehörden einreichen.

Während die Mitgliedschaft in der Architektenkammer also für einen Architekten, der seinen Beruf selbständig ausüben möchte, Pflicht ist, können Architekten darüber hinaus freiwillig einem Berufsverband angehören. Der BDA ist der einzige darunter, dem man nicht selbst beitreten kann. Vielmehr beruft der BDA seine Mitglieder. Er wählt solche Persönlichkeiten aus, deren berufliches Werk besondere, ganzheitliche Ansprüche an die Qualität der Planung erfüllen und die darüber hinaus mit ihrer Arbeit gesellschaftliche Verantwortung übernehmen und für einen fairen, transparenten Umgang mit allen Beteiligten am Bau stehen.

Der 1903 gegründete BDA ist wesentlich älter als die Architektenkammern, deren Gründung er in den Nachkriegsjahrzehnten in Westdeutschland überall gefordert und gefördert hat.

Obwohl die etwa 4.300 ordentlichen BDA-Mitglieder unter den etwa 60.000 als freischaffend registrierten Architekten gerade mal 7 Prozent ausmachen, sind die von BDA-Architekten geführten Büros mit etwa einem Drittel des Bauvolumens in Deutschland befasst. BDA-Büros zählen also zu den Architekten, die tendenziell mit größeren Bauaufgaben betraut werden. Aber viele BDA-Architekten kümmern sich auch um kleine Herausforderungen – um die Kleinode der Baukunst also.

Der BDA ist für seine Mitglieder vielerorts wie eine Familie. Das wird auf der Ebene der Orts- und Kreisgruppen genauso gelebt wie in den Landesverbänden und im Bundesverband. Der BDA will nicht einfach eine Lobby für eine bestimmte Berufsgruppe sein, sondern er begreift das Baugeschehen als Kulturleistung, die nicht nur dem Einzelnen, sondern der gesamten Gesellschaft zugute kommen soll. Der BDA wird in der Politik und der Verwaltung gehört, er setzt sich für faire Zugangsvoraussetzungen für den Architekturnachwuchs bei Wettbewerben ebenso ein wie für eine zeitgemäße Honorarordnung. Bei baukulturell umstrittenen Vorhaben erhebt der BDA seine Stimme und setzt sich für die verträglichste Lösung ein. Regelmäßige Vortragsreihen und Diskussionsveranstaltungen heben baukulturelle Themen in den Fokus der Aufmerksamkeit in der Gesellschaft.

Foto: Dieter-J. Mehlhorn